भारत के राष्ट्रपति

(जीवन कथा)

भारत के राष्ट्रपति

प्राची जयसवाल

श्रृंखला सम्पादक

लीलाधर मंडलोई

वाणी प्रकाशन ग्रुप

भारतीय ज्ञानपीठ

वाणी प्रकाशन : भारतीय ज्ञानपीठ की पुस्तकों के एकमात्र प्रकाशक एवं वितरक

सजिल्द दूसरा संस्करण : 2019
सजिल्द तीसरा संस्करण : 2024

शिक्षोदय ग्रन्थमाला : ग्रन्थांक 032

प्रकाशक
वाणी प्रकाशन ग्रुप
4695, 21-ए, दरियागंज, नयी दिल्ली-110 002
फ़ोन : 011-23273167, 23275710
ईमेल : sales@vaniprakashan.in

ISBN 978-93-5775-879-6 (N)
978-93-263-5519-3 (O)

भारत के राष्ट्रपति
(जीवन-कथा)
प्राची जयसवाल

BHARAT KE RASHTRAPATI
(Jeewan-Katha)
by Prachi Jaiswal

मुद्रक : आर. टेक ऑफ़सेट प्रिंटर्स, दिल्ली-110 032

Price: 295

भारत के भविष्य

युवा साथियों के लिए

मेरी बात

भारत दुनिया का सबसे बड़ा लोकतान्त्रिक देश है। भारत में राष्ट्रपति का पद सर्वाधिक गौरवपूर्ण, राजनैतिक मर्यादा तथा मानवता का आदर्शरूप है। यद्यपि यह जरूरी नहीं कि राष्ट्रपति पद के लिए किसी राजनैतिक विशिष्टता को पूरा करना होता है, परतु श्री कलाम को छोड़कर सभी राष्ट्रपति किसी न किसी रूप में राजनीति से जुड़े रहे। इसके साथ ही उनमें से कुछ राष्ट्रपति या उनके किसी पारिवारिक-जन का राष्ट्रीय स्वाधीनता से भी जुड़ाव रहा। हमारे राष्ट्रपतियों की जीवन-शैली सादा जीवन-उच्च विचार की रही है। उन्होंने सभी राजनैतिक दलों को तटस्थ दृष्टि से देखा तथा राजनीति में रहते हुए भी लगाव नहीं रखा। उनका व्यवहार सदा राष्ट्रीय गरिमा और सर्वदल समभाव का प्रतीक रहा। मैंने इस पुस्तक से उनके जीवन के संघर्ष और योगदान से परिचित कराने की कोशिश है।

—प्राची जायसवाल

हमारे राष्ट्रपति

चयन प्रक्रिया

संविधान के अनुसार भारत एक धर्म-निरपेक्ष तथा लोकतान्त्रिक गणराज्य है। देश के लोकतन्त्र को बनाए रखने के लिए संविधान में लोकतान्त्रिक चुनाव पद्धति की रचना की गयी है। राष्ट्रपति हमारे देश का प्रमुख होता है। राष्ट्रपति को देश का प्रथम नागरिक माना जाता है। वह भारतीय सशस्त्र सेना का प्रमुख भी होता है। राष्ट्रपति का चुनाव अप्रत्यक्ष विधि द्वारा राज्यसभा तथा लोकसभा के सदस्यों की एक समिति द्वारा होता है।

भारत का राष्ट्रपति बनने के लिए कुछ अनिवार्य योग्यताएँ हैं, जैसे कि—वह भारत का नागरिक हो; उसकी आयु 35 वर्ष या उससे अधिक हो; लोकसभा का सदस्य बनने की योग्यता रखता हो; उसको किसी लाभ प्राप्ति की आशा न हो। वह दोनों सदनों में से किसी का भी सदस्य न हो। राष्ट्रपति के चुनाव के लिए बनाई गयी निर्वाचन समिति के गठन में, संसद के दोनों सदनों के चुने गये सदस्य होंगे।

एक मतदाता सिर्फ एक ही वोट दे सकता है। यह निर्वाचकों द्वारा प्राथमिकता देने के आधार पर होता है। अगर विनिंग कोटा न प्राप्त हो सके तब वोट के हस्तान्तरण का नियम है। इस प्रकार तब तक होता है जब तक कि कोई एक उम्मीदवार विनिंग कोटा न प्राप्त कर लें। राष्ट्रपति के चुनाव की घोषणा तत्कालीन राष्ट्रपति द्वारा होती

है। यह कार्य कराने की जिम्मेदारी भारतीय चुनाव आयोग की होती है। चुनाव आयोग द्वारा एक रिटर्निंग ऑफिसर की नियुक्ति होती है। वह नॉमिनेशन पेपर भरने की अन्तिम तिथि, वापस लेने की अन्तिम तिथि तथा पूरा कार्यक्रम निर्धारित करता है।

औपचारिकताएँ पूरी होने के बाद चुनाव अभियान शुरू होता है। यह केवल निर्वाचन समिति तक ही रहता है, आम जनता इसमें भाग नहीं लेती। निश्चित तिथि पर चुनाव के लिए मतदान होता है।

मतदाता वोट देते हैं। यह पूरी तरह गोपनीय होता है। इसके बाद मतों की गिनती की जाती है। जो ज्यादा मतों से विजयी होता है, उसका चयन किया जाता है। चुनाव परिणाम की घोषणा भारत के गजट में होती है। जिस दिन पहले राष्ट्रपति की कार्य अवधि समाप्त हो या निर्धारित तिथि पर उम्मीदवार राष्ट्रपति पद की शपथ लेता है। यह प्रक्रिया चीफ जस्टिस ऑफ इंडिया की मौजूदगी में सम्पन्न होती है। यदि चीफ जस्टिस न आ सकें तो सुप्रीम कोर्ट के सबसे उच्च न्यायाधीश की उपस्थिति में शपथ ग्रहण की जाती है। राष्ट्रपति के चुनाव से सम्बन्धित विवादों का निपटारा सर्वोच्च न्यायालय द्वारा होता है। इसके लिए चुनाव परिणाम घोषित होने से 30 दिनों के अन्दर मतदान पेटीशन दर्ज की जाती है। जिसकी सुनवाई व निर्णय सुप्रीम कोर्ट द्वारा होते हैं।

राष्ट्रपति जिस दिन से अपना कार्यभार सँभालते हैं उस दिन से 5 वर्षों के लिए राष्ट्रपति का कार्यकाल होता है। अगर राष्ट्रपति अपनी निश्चित अवधि से पहले पद छोड़ना चाहें तो उपराष्ट्रपति को हस्तलिखित इस्तीफा दे सकते हैं। राष्ट्रपति पद पर कोई भी व्यक्ति दो बार से अधिक नहीं रह सकता। पूर्व प्रथम राष्ट्रपति डॉ. राजेन्द्र प्रसाद ही दो बार इस पद पर रहे। यदि किसी वजह से राष्ट्रपति का

पद खाली हो जाता है या राष्ट्रपति की अपने कार्य काल के समय मृत्यु हो जाती है तो उप-राष्ट्रपति कार्यकारी (Acting) राष्ट्रपति के पद को सँभाल सकते हैं। इसी बीच 6 महीने के अन्दर नये राष्ट्रपति का चुनाव होता है।

राष्ट्रपति के अधीन अधिकारों के अनुसार वह संवैधानिक अधिकारों व शक्तियों का उपयोग, बिना किसी भी कोर्ट को उत्तर दिए, कर सकते है। उन्हें कार्यकाल के समय गिरफ्तार, नजरबन्द या दोषी करार नहीं दिया जा सकता। उन पर कोई भी व्यक्तिगत सिविल केस करने से पूर्व दो महीने पहले नोटिस देना पड़ता है।

राष्ट्रपति राष्ट्र प्रमुख हैं, इसलिए देश को चलाने के लिए उनके पास सभी शक्तियाँ निहित हैं। वह देश की तीनों सेवाओं के प्रमुख हैं। उनकी कार्यकारी शक्तियाँ राष्ट्रपति के पास हैं। उनके पास दोनों सदनों के सदस्यों को मनोनित करने और कार्यकाल पूरा न होने से पहले निकालने, आदि की वैधानिक शक्तियाँ होती हैं। देश के बजट, केन्द्र व राज्यों के बीच फाइनेंस कमीशन नियुक्त करने आदि की वित्तीय शक्ति राष्ट्रपति की ही होती है। न्यायिक व आपातकालीन शक्तियों का प्रयोग भी राष्ट्रपति करते हैं।

राष्ट्रपति के अधीन वीटो शक्तियाँ भी होती हैं। वह विधायिका की किसी भी कार्यवा ही को कानून बनने से रोक सकता है। इसके अन्दर पूर्ण वीटो, निलम्बनकारी वीटो और पॉकेट वीटो आते हैं। इन सबका प्रयोग उसकी विवेकाधिकार शक्ति के अन्दर आता है। संसद का सदस्य होने के नाते कोई भी बिल राष्ट्रपति की स्वीकृति के बिना पास नहीं हो सकता।

प्रधानमन्त्री समय-समय पर राष्ट्रपति से मिलकर राज्य के मामलों और भविष्य में आने वाले विधेयकों के बारे में सूचित करते

रहते हैं। राष्ट्रपति के पास सूचना प्राप्ति का अधिकार है। इस अधिकार के अन्दर वह मन्त्रिपरिषद के विधेयकों के निर्णयों के परिणामों के लिए आगाह कर सकता है। किसी राजनैतिक दल के पास लोकसभा में बहुमत न होने पर राष्ट्रपति अपनी विवेकाधीन शक्तियों के अन्तर्गत प्रधानमन्त्री को नियुक्त कर सकता है।

राष्ट्रपति के पास पर्याप्त शक्ति होती है। पर कुछ अपवादों के अलावा राष्ट्रपति के पद में निहित अधिकांश अधिकार वास्तव में प्रधानमन्त्री की अध्यक्षता वाले मन्त्रिपरिषद के द्वारा उपयोग किए जाते हैं।

भारत के राष्ट्रपति नई दिल्ली स्थिति राष्ट्रपति भवन में रहते हैं, जिसे रायसीना हिल के नाम से भी जाना जाता है। राष्ट्रपति अधिकतम दो कार्यकाल तक ही पद पर रह सकते हैं। श्रीमती प्रतिभा पाटिल, भारत की 12वीं, पहली महिला राष्ट्रपति थीं। अभी माननीय प्रणव मुखर्जी भारत के राष्ट्रपति है।

डॉ. राजेन्द्र प्रसाद

जन्म : 3 दिसम्बर, 1884 — निधन : 28 फरवरी, 1963

कार्यकाल : 24 जनवरी, 1950 से 12 मई, 1962

डॉ. राजेन्द्र प्रसाद स्वतन्त्र भारत के प्रथम राष्ट्रपति थे। उनका जन्म बिहार के सारन जिले के जिरादेई नामक गाँव में 3 दिसम्बर, 1884 को में हुआ था। इनके पिता महादेव सहाय संस्कृत व फारसी के विद्वान थे तथा इनकी माँ कमलेश्वरी देवी गृहणी थीं। इनका परिवार शिक्षा को बहुत महत्त्व देता था। शिक्षा के प्रति लगाव व स्वतन्त्र विचारधारा उन्हें विरासत में मिली थी।

आरम्भिक शिक्षा घर पर ग्रहण करने के बाद वह छपरा चले गये। इसके बाद पटना की टी. के. घोष अकादमी से पढ़ाई आरम्भ रखी। सन् 1902 में इन्होंने कोलकाता के प्रसिद्ध प्रेसीडेंसी कॉलेज में दाखिला ले लिया। 1915 में इन्होंने स्वर्ण पदक के साथ विधि

परास्नातक (एल.एल.एम.) की परीक्षा उत्तीर्ण की और बाद में कानून (लॉ) के क्षेत्र में डॉक्ट्रेट की उपाधि ग्रहण की। उन्होंने भागलपुर, बिहार से अपनी कानूनी की पढ़ाई की।

स्वाधीनता आन्दोलन में उनका पहला कदम वकील के रूप में अपने व्यवसाय की शुरुआत करते हुआ था। बिहार के चम्पारन जिले में किसानों को नील की खेती करने को मजबूर किया जाता था। राजेन्द्र प्रसाद ने इन किसानों की समस्या दूर करने के लिए बिना फीस मुकदमे लड़े थे।

इसी दौरान राजेन्द्र प्रसाद व महात्मा गाँधी का परस्पर सम्पर्क हुआ। राजेन्द्र प्रसाद गाँधी जी की लगन, साहस व समर्पण भाव से बहुत प्रभावित हुए।

अत्यधिक आत्मीयता होने के कारण 1921 में उन्होंने कोलकाता विश्वविद्यालय के सीनेटर का पद त्याग दिया। असहयोग आन्दोलन की घोषणा के साथ ही राजेन्द्र प्रसाद अपना सर्वस्व त्यागकर पूरे मनोयोग से गाँधीजी के साथ स्वाधीनता संग्राम में कूद पड़े। उन्होंने अनेक सामाजिक कार्य किए। बिहार और बंगाल में आई बाढ़ के दौरान अनेक सेवा कार्य किए। भूकम्प पीड़ितों के लिए व्यक्तिगत प्रयासों से धन जमा कर उनकी मदद की।

असहयोग आन्दोलन से जुड़ी घटनाओं के बीच गोरखपुर के चौरी-चौरा क्षेत्र में आन्दोलनकारियों व पुलिसकर्मियों में उपद्रव मचने के कारण नेताओं में आपस में अनबन का वातावरण हो गया। काँग्रेस की इस फूट का सरकार ने फायदा उठाया। गाँधी जी को 6 वर्ष की जेल हुई। यहीं से राजेन्द्र प्रसाद की अहम भूमिका प्रारम्भ हुई। उन्हें गाँधी जी द्वारा काँग्रेस को संगठित करने तथा देश भर में जन-जागरण के कार्य को जारी रखने का भार सौंपा गया।

इसी प्रकार सन् 1928 में साइमन कमीशन व 1930 में दांडी मार्च का नेतृत्व करने में उनकी क्षमता बेमिसाल रही। सन् 1934 में काँग्रेस कार्य समिति के वार्षिक सम्मेलन में सर्वसम्मति से उनका नाम सभापति के लिए पारित हुआ।

8 अगस्त, 1942 को काँग्रेस की एक गुप्त मीटिंग में रात्रि को एक प्रस्ताव पारित कर ब्रिटिश सरकार के खिलाफ 'भारत छोड़ो' आन्दोलन' की घोषणा कर दी गयी। इस दौरान बीमारी की अवस्था में भी पुलिस ने उन्हें गिरफ्तार कर लिया। 3 वर्ष तक जेल में रहने के बाद 1945 में वह जेल से रिहा किए गये।

शिमला में हुए सर्वदलीय सम्मेलन में यह निर्णय लिया गया कि पहले भारत में चुनाव कराकर अन्तरिम सरकार बनाई जाए। परन्तु मुस्लिम लीग अपने नेतृत्व के लिए आगे आना चाहती थी। इस कारण स्वतन्त्रता का यह सिलसिला बीच में ही लटक गया। काँग्रेस पार्टी व मुस्लिम लीग अगले चुनाव की तैयारी में जुट गईं। जिन्ना इन चुनावों में मुसलमानों के लोकप्रिय नेता के रूप में स्थापित हुए।

केबिनट मिशन की अन्तरिम रिपोर्ट पर फैसला सुनाया गया जिसके अन्तर्गत नेहरू जी प्रधानमन्त्री पद पर आसीन हुए। 2 सितम्बर, 1946 को नेहरू जी के नेतृत्व में अन्तरिम सरकार ने शपथ ली तथा अन्य नेताओं को विभिन्न मन्त्रालय सौंपे गये।

ब्रिटिश सरकार द्वारा भारत को स्वाधीन देश घोषित किया गया एवं संविधान सभा की रूपरेखा प्रस्तुत की गयी। डॉ. राजेन्द्र प्रसाद को भारत की ओर से संविधान सभा का अध्यक्ष बनाया गया। संविधान सभा की पहली बैठक में 14 अगस्त, 1947 को पाकिस्तान आजाद देश घोषित कर दिया गया।

24 जनवरी, 1950 को राजेन्द्र बाबू सर्वसम्मति द्वारा भारत के

राष्ट्रपति बन गये। सन् 1952 में स्वाधीन भारत के आम चुनावों में राजेन्द्र प्रसाद विधिवत राष्ट्रपति बने।

उनके शासन काल में हमारी आजादी की जड़ों को गहरे-से जमने का अवसर प्राप्त हुआ। उनके राष्ट्रपति पद पर रहने के बारह सालों को हमारे देश का स्वर्णिम युग कहा जाएगा।

राजेन्द्र प्रसाद हिन्दी के प्रबल समर्थक थे। उनके समय में राष्ट्र भाषा प्रचार समिति ने हिन्दी के प्रचार प्रसार में विशेष योगदान दिया। हिन्दी के विषय में उनका कहना था कि—"पदाधिकारियों की भाषाएँ अंग्रेजी का स्थान नहीं ले सकतीं तो भारत को स्वतन्त्र कराने की ऐसी आतुरता ही क्या थी?"

वह 12 मई, 1962 तक राष्ट्रपति पद पर रहे। उन्होंने अपने शासनकाल में अपने पद की मर्यादा तथा आदर्शों का ऐसा मान स्थापित किया कि आने वाले हर राष्ट्रपति ने उनसे मार्गदर्शन प्राप्त किया। वह आज भी जनता व नेताओं के बीच श्रद्धा के पात्र हैं।

28 फरवरी, 1963 को पटना के सदाकत आश्रम में उनका निधन हो गया। देश के निर्माण में उनके किए गये प्रयास सदा याद किये जाते रहेंगे।

डॉ. एस. राधाकृष्णन

जन्म : 5 दिसम्बर, 1888 — निधन : 17 अप्रैल, 1975

कार्यकाल—13 मई, 1962 से 12 मई 1967

डॉ. राधाकृष्णन भारत के प्रथम उप राष्ट्रपति व द्वितीय राष्ट्रपति थे। वह असाधारण व्यक्तित्व वाले प्रख्यात शिक्षाविद, दार्शनिक, भारतीय परम्परा को विकसित करने वाले एक महान चिन्तक थे। इन्हीं विशेषताओं के कारण सन् 1954 में उन्हें भारत रत्न का सम्मान प्रदान किया गया। उनका जन्मदिन 5 सितम्बर, देश में शिक्षक दिवस के रूप में मनाया जाता है।

राधाकृष्णन का जन्म 5 सितम्बर, 1888 को तिरुट्टनी, तमिलनाडु में हुआ था। उनके पिता सर्वपल्ली वी. रामास्वामी वहाँ के जमींदार के अधीन एक साधारण कर्मचारी थे। तथा माता सीताम्मा धर्मपरायण घरेलू महिला थीं। राधाकृष्णन ने प्रारम्भिक शिक्षा अपने गाँव तथा

क्रिश्चियन मिशनरी संस्था लुथर्न मिशन स्कूल से प्राप्त की। राधाकृष्णन ने अपनी विलक्षण प्रतिभा, तेज स्मृति के कारण स्कूल के अधिकारियों को प्रभावित किया और स्कूली जीवन में हमेशा छात्रवृत्ति प्राप्त करते रहे।

1908 में उन्होंने कला स्नातक की उपाधि प्रथम श्रेणी में तथा दर्शनशास्त्र में विशिष्ट योग्यता प्राप्त की। उन्होंने एम.ए. के पाठ्यक्रम के साथ-साथ 'दॅ एथिक्स ऑफ दॅ वेदान्त एंड इट्स मैटाफिजिकल प्रपोजीशन' नामक थीसिस यूनिवर्सिटी के दर्शन विभाग को दी। अपनी थीसिस में उन्होंने भारतीय दर्शन तथा हिन्दू धर्म की वैज्ञानिकता एवं मानवीय पक्ष को रेखांकित करते हुए मीमाँसा की है। उनके द्वारा सन् 1912 में दर्शनशास्त्र पर दिये गये भाषणों व विचारों पर आधारित 'असेंशियल्स ऑफ साइकोलॉजी' पुस्तक ऑक्सफोर्ड, लन्दन से प्रकाशित हुई। सन् 1914 में वह असिस्टेंट प्रोफेसर बन गये। वे अत्यधिक अध्ययन-प्रेमी थे तथा किताबें खरीदने, पढ़ने व इकट्ठी करने के शौकीन थे। वह विचार-प्रधान व उच्च स्तर की किताबों में रुचि रखते थे।

उन्होंने टैगोर के साहित्य व दर्शन की प्रशंसा में अनेक लेख लिखे जो भारत व ब्रिटेन के अनेक समाचार-पत्रों में भी प्रकाशित हुए। अंग्रेजों को भारत से उखाड़ फेंकने के लिए गाँधीजी ने अहिंसक आन्दोलन शुरू किया था। ऐसे में राधाकृष्णन ने अपनी कलम के माध्यम से पूरे विश्व को भारतीय जीवन-शैली, चिन्तन शैली, परम्परा और भारतीय दर्शन से परिचित कराया। साथ ही वह अपने देश की कुरीतियों व अन्धविश्वासों को त्यागने के पक्ष में थे। उनके अनुसार भारतीय जनता सही विचारों का चयन करना सीखे ताकि अपनी मानसिकता को सुदृढ़ बना सके। अपनी इस अभिलाषा को

पूरा करने के लिए उनका मन एक ऐसे संगठन की रचना करने का था जो विचार की दुनिया में नयी खोज व भारतीय विचार पद्धति को विश्व मंच पर ला सके। सन् 1925 में राधाकृष्णन ने 'इंडियन फिलोसोफिकल काँग्रेस' नामक दार्शनिक संस्था का निर्माण किया।

इसका प्रथम अधिवेशन बुलाया गया, जिसमें विधिवत गठन की घोषणा की गयी। इस संस्था के पहले अध्यक्ष डॉ. रवीन्द्रनाथ टैगोर बनाए गये। इस प्रकार की वैचारिक प्रतिभा के कारण ही स्वतन्त्रता के बाद इन्हें संविधान निर्मात्री सभा का सदस्य बनाया गया। वह कई विश्वविद्यालयों के चेयरमैन भी नियुक्त हुए। उनको राजनयिक सेवाओं के लिए भी चुना गया।

राधाकृष्णन ने भारतीय व पाश्चात्य दर्शन के बीच सेतु का काम किया। वह हिन्दू धर्म की नकारात्मक परम्पराओं का विरोध करने तथा पश्चिम के भौतिकवादी दर्शन को शून्य होने से रोकने में कामयाब रहे। सन् 1936 में राधाकृष्णन ने आन्ध्र विश्वविद्यालय का विकास, भारतीय स्वतन्त्रता आन्दोलन के पक्ष में किया तथा साहित्य-सजृन का कार्य भी बड़ी मेहनत से किया।

वह सन् 1952 से 1957 तक उपराष्ट्रपति पद पर तथा 1962 से 1967 तक राष्ट्रपति पद पर आसीन रहे। उन्होंने अपने कार्यकाल के दौरान भारतीय राजनीति में अनेक उतार-चढ़ाव देखे। जिस वर्ष वह राष्ट्रपति नियुक्त हुए उसी वर्ष चीन ने भारत पर आक्रमण कर दिया जिसमें भारत पराजित हुआ। उन्होंने अमेरिका के राष्ट्रपति से बातचीत कर चीन के विश्वासघात की चर्चा की। सोवियत संघ, ब्रिटेन, फ्रांस को भी अपने पक्ष में ले लिया व दबाव बढ़ाया कि युद्ध रोका जाए। एक राजनीतिज्ञ न होने के कारण उनको अन्य देशों में विश्वासपात्र समझा जाता था। उनके इस अविस्मरणीय प्रयास से युद्ध विराम

हुआ। उनके समय में देश अनेक चुनौतियों का सामना कर रहा था। वह हर पल देश की समस्याओं का समाधान निकालने में लगे रहते थे। सन् 1967 में उनका कार्यकाल सम्पूर्ण हुआ। 17 अप्रैल, 1975 को उनका निधन हो गया।

प्रतिवर्ष डॉ. राधाकृष्णन का जन्मदिन 'शिक्षक दिवस' के रूप मनाया जाता है। उस दिन देश के श्रेष्ठ शिक्षकों को भारत सरकार द्वारा सम्मानित भी किया जाता है। उनके जीवन में शिक्षा का बहुताधिक महत्त्व था। उनके अनुसार शिक्षा के द्वारा ही मानव मस्तिष्क का सदुपयोग किया जा सकता है। उन्होंने शिक्षा-क्षेत्र में अनेक संस्थानिक सेवा-कार्य भी किए। वह आन्ध्र विश्वविद्यालय के वाइस चांसलर, ऑक्सफोर्ड विश्वविद्यालय के प्राध्यापक, काशी हिन्दू विश्वविद्यालय तथा दिल्ली विश्वविद्यालय के चांसलर तथा यूनेस्को में 1946 में भारतीय प्रतिनिधि के रूप में रहे। उन्हें सन् 1931 में ब्रिटिश साम्राज्य द्वारा 'सर' की उपाधि प्रदान की गयी।

डॉ. राधाकृष्णन ने भारत को विशेष रूप से विचार व अध्यात्म के क्षेत्र में पूरे संसार में स्थापित किया है। उनको निष्काम कर्मयोगी कहना कोई अतिशयोक्ति नहीं होगी।

डॉ. ज़ाकिर हुसैन

जन्म : 8 फरवरी, 1897 — निधन : 3 मई, 1969

कार्यकाल : 13 मई, 1967 से 3 मई, 1969

डॉ. ज़ाकिर हुसैन भारत के तीसरे राष्ट्रपति थे। उनका व्यक्तित्व विचारों की श्रेष्ठता और चरित्र की ऊँचाइयों को अपने में समेटे था। वे अनेक गुणों से सम्पन्न कुशल शिक्षविद, पत्रकार, कलाप्रेमी, कवि और राजनयिक थे।

इनका जन्म 8 फरवरी, 1897 को हैदराबाद नगर में हुआ था। इनके पिता फिदा हुसैन खां हैदराबाद में वकील और माता नाजनीन बहुत विनम्र व नेक स्वभाव की महिला थीं।

जिस समय ज़ाकिर हुसैन का जन्म हुआ, उस समय मुस्लिम घरों में यह चलन था कि धार्मिक और शुरुआती शिक्षा देने के लिए शिक्षक छात्रों के घर पर ही आया करते थे। इनकी शिक्षा का प्रारम्भ

भी इसी प्रकार हुआ। इसके बाद पाँचवी कक्षा से उन्होंने इटावा के इस्लामिया हाई स्कूल से पढ़ाई की। ज़ाकिर हुसैन जब इंटर में थे, उनका विवाह शाहजहाँ बेगम से कर दिया गया।

एम.ए.ओ. कॉलेज, अलीगढ़ से इंटर की परीक्षा पास की। डॉक्टरी की पढ़ाई के लिए लखनऊ के क्रिश्चियन कॉलेज में उनका नाम लिखाया गया। लेकिन उनके भाग्य में कुछ और ही था। दाखिले के बाद से वह ऐसे बीमार हुए कि उन्होंने डॉक्टर बनने का सपना छोड़ दिया। वह फिर से अलीगढ़ लौटकर बी.ए. की पढ़ाई में जुट गये। बी.ए. में प्रथम श्रेणी प्राप्त करने के साथ उन्हें विश्वविद्यालय द्वारा 'इकबाल पदक' से सम्मानित किया गया। उन्होंने एम.ए. अर्थशास्त्र व एल.एल.बी. की परीक्षाएँ एक साथ दीं।

उनको भाषण देने व लिखने में पहले ही रुचि थी। अब कॉलेज की वाद-विवाद प्रतियोगिताओं में भाग लेने से उनकी इन प्रतिभाओं का और भी विकास हुआ। उनका अँग्रेजी पर इतना अधिक अधिकार था कि जल्द ही वे जानी-मानी पत्रिकाओं के पसन्दीदा लेखक बन गये। कानून की पढ़ाई करने के साथ कॉलेज में शिक्षण कार्य भी मिल गया। वह अपने कॉलेज में मुस्लिम संस्कृति के साथ-साथ राष्ट्रीय स्तर पर सांस्कृतिक विचारों के प्रचारक भी माने जाते थे।

उन दिनों हमारे देश में अंग्रेजों का शासन था। राष्ट्रीय आन्दोलन की नींव रखी जा रही थी। सारा देश अंग्रेजों के विरोध में लड़ रहा था। सन् 1920 में गाँधी जी के दक्षिण अफ्रीका से भारत लौट आने पर असहयोग आन्दोलन प्रारम्भ हुआ। ज़ाकिर हुसैन के कॉलेज में ब्रिटिश विरोधी छात्र यूनियन के नेताओं ने खिलाफत कांफ्रेंस बुलाई। उस समय नेताओं द्वारा दिए जोशीले भाषणों से कॉलेज में उत्तेजना फैल गयी। ज़ाकिर भी अपने साथियों के साथ विश्वविद्यालय को

छोड़ खिलाफत आन्दोलन में कूद पड़े। उन्हीं दिनों अलीगढ़ में मुस्लिम समाज की शिक्षा के लिए जामिया मिल्लिया की स्थापना हुई। ज़ाकिर हुसैन व उनके सहयोगियों ने इस काम को अपने हाथों में ले लिया और यह नारा लगाया कि जो स्वतन्त्र मुस्लिम विश्वविद्यालय चाहते हैं वे साथ मिलकर संघर्ष करें। ज़ाकिर साहब पूरे विश्वास और कर्मठता के साथ जामिया के लिए समर्पित हो गये।

सन् 1922 में ज़ाकिर साहब अपना शोध-प्रबन्ध 'सुम्भा कम लाड़े' पूरा करने के लिए जर्मनी चले गये। वहाँ पर पी-एच.डी. के साथ-साथ राजनैतिक कार्यक्रमों का भी हिस्सा बने रहे। वहाँ उन्होंने गाँधी जी के अहिंसक विचारों पर आधारित असहयोग आन्दोलन के बारे में भी बताया। वहाँ के लेखकों, विचारकों पर भी गाँधी जी की मानवतावादी सोच का बहुत असर हुआ। वहीं रहते हुए उन्होंने जर्मन भाषा में गाँधीजी पर एक पुस्तक भी लिखी 'डाई बोट शेख्त डेस महात्मा गाँधी।' वह जर्मन भाषा पर पूरा अधिकार पा चुके थे। सन् 1925 में उन्होंने अपना शोध प्रबन्ध बर्लिन विश्वविद्यालय को दिया। 1926 में परीक्षाओं के सम्पन्न होने पर उन्हें पी-एच.डी. की डिग्री मिली। इसी वर्ष वह वापस लौट आए और जामिया के निकट रहकर वहाँ का कामकाज देखने लगे। जामिया को चलाने के साथ-साथ ज़ाकिर साहब ने गाँधी जी के सहयोग से राष्ट्रीय आन्दोलन की जो सेवा की थी वह अत्यन्त उपयोगी रही। वे आन्दोलन में सीधे न उतरकर, बल्कि मुसलमानों को विश्वास में लेकर हिन्दू-मुस्लिम एकता बनाने में प्रयत्नशील रहे। सरकार यह समझ चुकी थी अगर विश्वविद्यालय किसी योग्य व्यक्ति के संरक्षण में नहीं गया तो बन्द हो जाएगा। ऐसे में ज़ाकिर साहब को अलीगढ़ विश्वविद्यालय का कुलपति बनाकर भेजा गया। कुलपति के रूप में अपने कार्यकाल के

अन्त में उन्हें राज्यसभा के लिए मनोनीत किया गया। सन् 1957 से 1962 तक वह बिहार के राज्यपाल के पद पर बने रहे।

सन् 1962 में उन्हें उपराष्ट्रपति बनाया गया। उनका यह काल अनेक विषम परिस्थितियों से भरा था। ज़ाकिर साहब ने संकट की घड़ी में देश को सुदृढ़ नेतृत्व दिया। 13 मई, 1967 को ज़ाकिर साहब ने राष्ट्रपति-पद ग्रहण किया। उन्होंने राष्ट्रपति-काल में देशवासियों से भेदभाव को भुला, एकजुट होकर देश के विकास के लिए कार्य करने की अपील की थी। वह देश की खुशहाली के लिए शिक्षा के प्रचार-प्रसार को बहुत महत्त्व देते थे। उन्होंने समाज के हित के लिए अनेक कार्यों को पूरा किया। उन्होंने गरीबों की सहायता के लिए अनेक महत्त्वपूर्ण व क्रान्तिकारी कदम उठाए।

सन् 1969 में असम के दौरे के दौरान 3 मई को उनकी मृत्यु हो गयी। असमय देहावसान के कारण वह अपना कार्यकाल पूरा नहीं कर सके। डॉ. ज़ाकिर हुसैन को कई पुरस्कारों व उपाधियों से सम्मानित किया गया था। उन्हें 1954 में 'पद्म विभूषण' से सम्मानित किया गया। उनके कार्यों को देखते हुए 1963 में उन्हें 'भारतरत्न' से सम्मानित किया गया। दिल्ली, कोलकाता, अलीगढ़, इलाहाबाद और काहिरा विश्वविद्यालयों ने उन्हें डि-लिट्. उपाधि प्रदान की। वह प्राथमिक शिक्षा के राष्ट्रीय आयोग के अध्यक्ष भी बने। सन् 1956-58 में वह संयुक्त राष्ट्र के शिक्षा, विज्ञान और संस्कृति संगठन 'यूनेस्को' की कार्यसमिति में भी रहे।

डॉ. ज़ाकिर हुसैन भारत में आधुनिक शिक्षा के सबसे बड़े समर्थकों में से एक थे। आजादी के बाद मन्त्रिमंडल में शिक्षामन्त्री की भूमिका भी निभाई उन्होंने देश में शिक्षा का शानदार मॉडल तैयार किया जो आज भी आदर्श है।

वी. वी. गिरी

जन्म : 10 अगस्त, 1894 — निधन : 23 जून, 1980

कार्यकाल : 24 अगस्त, 1969 से 24 अगस्त 1974

वी.वी. गिरी किसान वर्ग तथा मजदूर वर्ग को सफल राष्ट्र की रीढ़ मानते थे। उन्होंने दक्षिण भारत की ट्रेड यूनियन राजनीति का पथ-प्रदर्शन किया तथा मजदूरों की भलाई के लिए पूरा जीवन लड़ते रहे। उन्होंने इस वर्ग को नयी दिशा, नयी आवाज दी। उनके हक के लिए बराबर संघर्षशील रहे। आज मजदूर व श्रमिक वर्ग को जो सम्मान व अधिकार मिल रहा है, उसकी शुरुआत का श्रेय वी.वी. गिरी को ही जाता है। वे वकालत करना चाहते थे परन्तु स्वाधीनता संग्राम में जाने से खुद को रोक न सके और राष्ट्र की स्वतंत्रता के लिए अंग्रेजों के खिलाफ लड़े। पर वह वी. वी. गिरी के नाम से अधिक जाने जाते थे। उनका जन्म 10 अगस्त, 1894 में ब्रह्मपुर, ओडिशा में हुआ था।

उनका पूरा नाम वराहगिरी वेंकटगिरी था।

उनके पिता श्री वी.वी. जोगिया पन्तुलु एक प्रसिद्ध वकील और भारतीय राष्ट्रीय काँग्रेस के सक्रिय सदस्य थे। उनकी माता सुभद्रम्मा सुशिक्षित और धर्मपरायण महिला थीं। एक सम्पन्न घराने में जन्म लेने के बावजूद माता-पिता के प्रबुद्ध विचारों के कारण बचपन से उनके मन में क्रान्तिकारी विचारों का जन्म हो चुका था।

वह स्वयं एक वकील और स्थानीय बार काउन्सिल के नेता थे। उनकी स्कूली शिक्षा ब्रह्मपुर में हुई। वकालत की पढ़ाई उन्होंने सन् 1913 में आयरलैंड से प्राप्त की। वे सन 1916 में भारत वापस आ गये। यहाँ आने के बाद उन्हें मद्रास हाई कोर्ट में वकालत करने की अनुमति मिल गयी।

उन्हीं दिनों गाँधी जी भी काँग्रेस में शामिल चुके थे। श्री गिरी की, काँग्रेस पार्टी का मेम्बर बनने पर, गाँधी जी से मुलाकात हुई। वह गाँधी जी के कार्यों व विचारों से बहुत प्रभावित हुए। गाँधी जी ने उन्हें आभास दिलाया कि भारतवासियों के लिए आजादी कितनी जरूरी है। श्री गिरी ने अपनी वकालत छोड़ दी और गाँधी जी के अहिंसा पर आधारित सत्याग्रह आन्दोलन से पूरी तरह जुड़ गये। उनका पूरा परिवार भी इस आन्दोलन में कूद पड़ा। इस आन्दोलन के दौरान श्री गिरी के साथ उनके परिवार के अधिकतर सदस्य गिरफ्तार हुए। श्री वी.वी. गिरी ने रेलवे कर्मचारियों की भलाई के लिए बंगाल-नागपुर रेलवे ऐशोसिएशन की स्थापना भी की थी। वह समाज के मजदूर वर्ग व निम्न वर्ग के लिए हमेशा प्रयासरत रहे। वह उनसे जुड़े आन्दोलनों में हमेशा भागीदार रहे। उनके जीवन का एकमात्र लक्ष्य श्रमिक-सेवा था। वह काफी समय रेलवे यूनियन की राजनीति में बेहद सक्रिय रहे। ट्रेड यूनियन कानूनों की बारीकियों का अनुभव, आजादी के

बाद भी उनके बहुत काम आया।

श्री गिरी ने मजदूरों की भलाई के लिए बहुत कार्य किए। वह देश में फैले शोषण का विरोध करते रहे तथा साथ ही काँग्रेस के सदस्य के रूप में पार्टी के लिए काम करते रहे। भारत में यह समय राजनीतिक उथल-पुथल का था, ब्रिटिश शासन की जड़ें कमजोर पड़ने लगी थीं। देश के स्वाधीनता सेनानी और क्रान्तिकारी अंग्रेजों को हर हाल में देश से उखाड़ फेंकने पर उतारू थे।

श्री गिरी दोनों ही दिशाओं, मजदूरों के हितों की लड़ाई लड़ने व देश की सक्रिय राजनीति, में सफलतापूर्वक कार्य कर रहे थे। श्री गिरी का दोनों ओर पैर मजबूती से जम चुका था। सन् 1937 तक वह एक सफल लेबर लॉ वकील तथा सफल राजनयिक की भूमिका में स्थापित हो चुके थे। ऐसे में अंग्रेजों के खिलाफ लड़ते हुए यह काम भी बहुत जरूरी था कि पूरे देश को जाति-पति के भेदभाव से और साम्प्रदायिकता से दूर करके एकता के सूत्र में बाँधकर खड़ा करना था। यह दायित्व श्री गिरी जैसे नेता पूरी तरह निभा रहे थे।

सन् 1942 में, 'भारत छोड़ो आन्दोलन' की घोषणा हुई। श्री गिरी ने ऑल इंडिया ट्रेड यूनियन कमेटी के अध्यक्ष के नाते भारत भर के मजदूरों से अपील की कि सभी मजदूर भारत छोड़ो आन्दोलन का साथ देते हुए देशव्यापी हड़ताल पर चले जाएँ। सारी उद्योग-व्यवस्था हिल गयी। इसके कारण इन्हें जेल यातना झेलनी पड़ी। उधर सन् 1945 में द्वितीय विश्व युद्ध खत्म हुआ। ब्रिटेन भी अब भारत में अपना सिक्का जमाने की स्थिति में नहीं था। उसे भी भारत को आजाद करने का निश्चय लेना पड़ा। सभी नेता जेलों से रिहा कर दिए गये। तत्पश्चात वी.वी. गिरी को श्रीलंका में भारत के उच्चायुक्त का पद प्राप्त हुआ।

सन् 1952 में वे पाठापटनम सीट से लोकसभा का चुनाव जीतकर सांसद बने। सन् 1954 में उन्होंने श्रम मन्त्री के रूप बहुत अच्छे कार्य किए। उनके योगदान को देखकर उन्हें 1975 में देश का सर्वोच्च नागरिक सम्मान 'भारत रत्न' दिया गया। श्री गिरी जी उत्तर प्रदेश, मैसूर एवं केरल के राज्यपाल भी रहे। डॉ. ज़ाकिर हुसैन के कार्यकाल में उन्हें उपराष्ट्रपति बनाया गया। प्रधान मन्त्री श्रीमती इन्दिरा गाँधी के शासनकाल के समय उन्हें राष्ट्रपति पद के लिए निर्वाचित किया गया। वह 1969 से 1974 तक इस पद की शोभा बढ़ाते रहे।

उनको किताबें लिखने का भी शौक था। उनके द्वारा लिखित पुस्तक 'श्रमिकों की समस्याएँ', बहुत प्रसिद्ध हुई। सन् 1980 में 84 वर्ष की आयु में उनका देहान्त हो गया। वी.वी. गिरी भारतीय राजनीति में अपनी सादगी व अटूट लगन के लिए जाने जाते हैं। कमज़ोर तथा मजदूर वर्गों की भलाई व देश की स्वाधीनता के लिए सदैव तत्पर रहने वाले वी.वी. गिरी के असीम सहयोग को भारतीय हमेशा याद रखेंगे।

फखरुद्दीन अली अहमद

जन्म : 13 मई, 1905 — निधन : 11 फरवरी, 1977

कार्यकाल : 24 अगस्त, 1974 से 11 फरवरी, 1977

फखरुद्दीन अली अहमद भारत के पाँचवें राष्ट्रपति थे। वह एक सफल राजनेता थे, जो राजनीति पर अपनी अमिट छाप छोड़ गये। वह राष्ट्रपति बनकर देश की सेवा करना चाहते थे। उन्होंने गाँधी जी व नेहरू जैसे नेताओं से राजनीति के बारे में बहुत सीखा। वह उस काल में भारत के राष्ट्रपति रहे, जब देश में संकट का वातावरण था।

अहमद साहब का जन्म 13 मई, 1905 को भारत की राजधानी दिल्ली में हुआ था। इनके पिता श्री जैड.ए. अहमद, असम में एक आर्मी डॉक्टर थे। उनकी माता रुकैया सुलताना लाहौर के नवाब की बेटी थीं। वह भारतीय संस्कृति में रची-बसी शुद्ध भारतीय महिला थीं। उनका परिवार देशभक्ति और सर्व धर्म समभाव की भावना

रखता था। अहमद साहब की शुरुआती शिक्षा उत्तर प्रदेश के गोंडा जिले में हुई। उन्होंने शिक्षा दिल्ली के सेंट स्टीफन कॉलेज से प्राप्त की। उच्च शिक्षा के लिए वह इंग्लैंड चले गये, जहाँ उन्होंने कैम्ब्रिज विश्वविद्यालय के सेंट कैथरीन कॉलेज में दाखिला लिया। वह सन् 1927 में कानून की शिक्षा पूरी कर बैरिस्टर बने। सन् 1928 में वह भारत लौट आए और पंजाब हाई कोर्ट में वकालत प्रारम्भ की। कुछ समय बाद वह अपने पिता की सम्पति का मुकदमा लड़ने के लिए असम में ही अध्ययन व प्रैक्टिस भी करने लगे।

वह अपने आत्मविश्वास व मेहनत के बल पर यह मुकदमा जीत गये। अब वह असम में ही रहकर कार्य करने लगे। उन्हीं दिनों सविनय अवज्ञा आन्दोलन की भी शुरुआत हो चुकी थी।

जलियांवाला बाग में हुई सामूहिक हिंसा से पूरा देश अंग्रेजों के खिलाफ हो चुका था। ऐसे समय में फखरुद्दीन भी सक्रिय राजनीति में उतर गये और काँग्रेस की सदस्यता प्राप्त की। यहीं से उनके राजनैतिक जीवन का सिलसिला शुरू हो गया। वह असम विधान सभा के चुनाव जीतकर विधायक बन गये।

इसके बाद सन् 1942 में 'भारत छोड़ो आन्दोलन' का दौर आरम्भ हो गया। इसके साथ ही सन् 1947 में देश को आजादी मिलने के समय हिन्दू-मुस्लिम दंगे शुरू हो गये। फखरुद्दीन अली अहमद सन् 1952 तक राष्ट्रीय नेता के रूप में पूरी तरह प्रसिद्ध हो चुके थे। वह सन् 1955 में भारतीय प्रतिनिधिमंडल के नेता बनकर सोवियत संघ भी गये।

वह असम के केबिनट मन्त्री पद पर सन् 1962 में आसीन हुए। उनके अन्तर्राष्ट्रीय सम्पर्कों से हमारे देश के सम्बन्ध मुस्लिम देशों से मधुर बने। सन् 1966 में इंदिरा जी के शासनकाल में उन्हें केन्द्रीय

मन्त्रिमंडल में शामिल किया गया।

अलीगढ़ विश्वविद्यालय में उठ रही समस्याओं को सुलझाने का दायित्व उन्हें दिया गया जिससे मुस्लिम समाज बहुत खुश हुआ। मातृभाषा होने के कारण उर्दू की अच्छी जानकारी रखते थे, जिसके कारण जनता का दिल जीतने में सफल रहे। काँग्रेस को भी इससे लाभ प्राप्त हुआ।

श्रीमती इन्दिरा जी के समय में हरित कान्ति को सही राह दिखाने के लिए अहमद साहब को खाद्य एवं कृषि मन्त्रालय की बागडोर सँभालनी पड़ी। वे सन् 1970 में कृषि मन्त्री बने।

1971 में पाकिस्तान के साथ युद्ध हुआ और पूर्वी पाकिस्तान को बांग्लादेश के रूप में एक अलग देश के रूप में स्थापित किया गया।

उस समय केवल सोवियत संघ से भारत के घनिष्ट सम्बन्ध थे। एक देश के सहयोग मात्र से विकास-समस्याओं का समाधान नहीं ढूँढा जा सकता। ऐसे में इन्दिरा जी ने अपनी पारखी नजर से अहमद साहब को देश के नेतृत्व और संगठन का काम सौंपा। उन्हें यह मालूम था कि वह विदेशों में देश की धर्मनिरपेक्ष छवि बनाने में सफल रहेंगे।

भारत की राजनैतिक स्थिति बहुत चिन्ताजनक थी। आजादी के बाद विकास की समस्या सबसे बड़ा प्रश्न था। आपसी वैचारिक भिन्नता तथा पाकिस्तान के साथ लगातार चल रहे तनावों के कारण ठोस परिणाम नहीं निकल पा रहे थे। अन्तर्राष्ट्रीय स्तर पर भी बहुत ज्यादा दबावपूर्ण स्थिति थी।

दुनिया के सामने साम्प्रदायिक सद्‌भाव बनाकर भारत को धर्मनिरपेक्ष राष्ट्र के रूप में प्रस्तुत करना बड़ी कठिन समस्या थी। ऐसे समय में एक अनुभवी और ऐसे नेता की आवश्यकता थी जो

राष्ट्रीय और मानवीय भावनाओं पर पूरा उतरे। फखरुद्दीन अली अहमद इस संकट की घड़ी में आशा की ज्योति के रूप में नजर आए।

24 अगस्त, 1974 को अहमद साहब राष्ट्रपति पद के लिए चुने गये। राष्ट्रपति बनते ही उन्होंने अपने लक्ष्यों की ओर बढ़ना प्रारम्भ किया और वह पूरी तरह कामयाब रहे। वह अन्य देशों के सामने भारत को धर्मनिरपेक्ष राष्ट्र के रूप में प्रस्तुत करने में सफल रहे।

देश में राजनीति व धर्म से ऊपर अपना राष्ट्रीय दायित्व निभाने में समर्पित रहे। हिन्दू-मुस्लिम, दोनों समुदायों के बीच सद्भावना का विकास करने में वह हमेशा आगे रहते थे। वह मुस्लिम समाज में फैली अशिक्षा व गरीबी को दूर करने में सतत प्रयत्नशील थे। इस प्रकार राष्ट्र, संविधान, लोकतन्त्र तथा देश की जनता के प्रति अपनी जिम्मेदारी निभाते हुए अपने कार्यकाल के दौरान अहमद साहब का 1 फरवरी 1977 को निधन हो गया।

फखरुद्दीन अली अहमद धैर्यवान, निष्ठावान और अनुभवी व्यक्ति थे, जिन्होंने देश की अन्तिम काल तक सेवा की।

नीलम संजीव रेड्डी

जन्म : 19 मई, 1913 — निधन : 1 जून, 1996

कार्यकाल : 25 जुलाई 1977 से 25 जुलाई 1982

नीलम संजीव रेड्डी, एक ऐसा व्यक्तित्व हैं, जिन्होंने अपने राजनैतिक जीवन का सफर मात्र 18 वर्ष की आयु में शुरू किया था। वह युवावस्था में ही स्वतन्त्रता संग्राम में अंग्रेजों के खिलाफ कूद पड़े थे। अपने शिक्षा काल के दौरान ही उन्होंने अपना पहला सत्याग्रह गाँधी जी से प्रभावित होकर किया था। उस समय गाँधी जी राष्ट्रीय आन्दोलन के पर्याय बन चुके थे। जो भी विद्यार्थी गाँधी जी के समर्थक थे, उन्होंने गाँधी टोपी लगाकर कॉलेज आना शुरू कर दिया, यह बात अँग्रेजों को बिल्कुल अच्छी नहीं लगी। उन्होंने स्कूल, कॉलेजों में टोपी पर प्रतिबन्ध लगा दिया। संजीव रेड्डी को यह बात पसन्द नहीं आई, उन्होंने उसका सामूहिक विरोध किया जिसकी

वजह से उनकी साख बढ़ी। इस प्रकार छात्र जीवन में ही उनमें नेतृत्व करने की क्षमता का विकास हो चुका था।

आन्ध्र प्रदेश के एक छोटे-से गाँव 'इल्लरु' में 19 मई, 1913 को रेड्डी जी का जन्म हुआ था। इसके पिता श्री चिनप्पा रेड्डी, एक साधारण किसान थे। इनकी प्रारम्भिक शिक्षा अड्यार के थियोसोफिकल स्कूल में हुई थी। वे बचपन से ही परिश्रमी तथा पढ़ने-लिखने में विशेष रुचि रखते थे। उन्होंने आगे की शिक्षा आर्ट्स कॉलेज ऑफ मद्रास से प्राप्त की थी। छात्र जीवन में गाँधी जी से हुई एक भेंट ने उनके मन में देश की आजादी के लिए कुछ करने की प्रेरणा दी। तत्कालीन राष्ट्रीय स्थितियों के कारण धीरे-धीरे उनका ध्यान पढ़ाई से पूरी तरह हट गया।

गाँधी जी द्वारा छेड़े गये 'नमक सत्याग्रह' में भाग लेने के लिए उन्होंने पढ़ाई छोड़ दी। उन्होंने काँग्रेस के स्वदेशी आन्दोलन में हिस्सा लिया। आन्दोलन के दौरान उन्हें जेल भी हुई।

27 वर्ष की आयु में इनका विवाह हो गया। विवाह के बाद भी इनका देशभक्ति का जुनून जारी रहा। प्रदर्शनों व धरनों के कारण उन्हें कई बार जेल जाना पड़ा। उस दौरान उन्होंने पूरे तीन वर्ष कारागाह में व्यतीत किए।

जब 1947 में देश को आजादी मिली उस समय देश को सुचारू रूप से चलाने और देश को नयी दिशा व नव-निर्माण के लिए ऐसे लोगों की जरूरत थी, जो अनुभवी व प्रतिभावान हों। रेड्डी जी की छवि बिल्कुल ऐसी ही थी। वे संविधान सभा के सदस्य बनाए गये। उन्होंने राजेन्द्र प्रसाद व भीमराव अम्बेडकर के साथ मिलकर संविधान निर्माण का कार्य समय पर पूरा किया जो 26 जनवरी, 1950 को लागू हुआ।

नीलम संजीव रेड्डी ने कभी भी प्रतिष्ठित पद पाने की इच्छा नहीं रखी। वह निष्काम कर्म करने में विश्वास रखते थे। वह मानवीय गुणों से भरपूर देशभक्त थे। वह अपने जीवन का सदुपयोग देश-सेवा के लिए करना चाहते थे। उन्हें जो भी कार्य दिए जाते थे वे पूरी जिम्मेदारी व कुशलता से पूरे करते थे।

सन् 1951 में वह आन्ध्र प्रदेश काँग्रेस कमेटी के अध्यक्ष चुने गये। उन्होंने आपसी सूझबूझ के द्वारा राज्य में संगठन को मजबूती से कायम किया। वहाँ के नेताओं के बीच हुए मनमुटावों को दूर कर सबको एकसूत्र में पिरोया। इनकी मेहनत से सन् 1952 में पार्टी विजयी हुई। श्री रेड्डी को उप-मुख्यमन्त्री पद मिला। सन् 1956 में वह आन्ध्र प्रदेश के मुख्यमन्त्री बने। आगे चलकर वे राष्ट्रीय काँग्रेस के अध्यक्ष भी बने।

भारत के नव-निर्माण विकास को देख पड़ोसी देश ईर्ष्या करने लगे और छुटपुट झगड़े प्रारम्भ हो गये। देश के अन्दर भी राजनीति में आपसी मतभेद शुरू हो चुके थे। काँग्रेस पार्टी पर भी इसका असर नजर आने लगा था। आन्ध्र प्रदेश की पार्टी भी इसी स्थिति में पहुँचने लगी थी। कोई भी आदर्श नेता काँग्रेस पार्टी में नहीं था। एक बार फिर रेड्डी जी ने 1962 से 1964 तक मुख्यमन्त्री पद की लगाम थामी। इसी बीच नेहरू जी विश्व शान्ति स्थापित करने की दिशा में चीन को विश्वास में लेकर 'पंचशील' सिद्धान्त लागू कर रहे थे। तभी चीन ने भारत पर हमला बोलकर युद्ध में हरा दिया। नेहरू जी इस विश्वासघात को सहन नहीं कर सके। उनके निधन के बाद नीलम संजीव रेड्डी को 1964 में ही केन्द्रीय मन्त्रिमंडल में आना पड़ा।

वह 1964-66 तक केन्द्र में स्टील व खानमन्त्री तथा उड्डयन

मन्त्री रहे। लालबहादुर शास्त्री के प्रधानमन्त्री काल में श्री रेड्डी उनके मन्त्रिमंडल का हिस्सा रहे। 1962 में हुए युद्ध की भरपाई अभी भारत कर नहीं पाया था कि सन् 1965 में पाकिस्तान ने देश पर आक्रमण कर दिया। जिसमें वह परास्त हुआ। दुर्भाग्यवश शास्त्री जी का निधन हो गया तथा इन्दिरा जी प्रधानमन्त्री बनीं। सन् 1967-72 तक श्री रेड्डी लोकसभा के अध्यक्ष रहे। इन्दिरा जी के शासन काल में देश आन्तरिक व बाहरी दोनों संकटों से घिरा था।

सन् 1977 में मोरारजी देसाई प्रधानमन्त्री निर्वाचित हुए। श्री रेड्डी को सर्वसम्मति से नयी लोकसभा का अध्यक्ष चुना गया। श्री अहमद साहब का निधन हो जाने पर वी.डी. जत्ती को कार्यकारी राष्ट्रपति बनाया गया।

नये राष्ट्रपति के लिए श्री रेड्डी का नाम भी प्रस्तावित किया गया। श्री रेड्डी बिना किसी विरोध 25 जुलाई, 1977 को राष्ट्रपति बन गये। उस समय देश को गम्भीर संवैधानिक संकट से उबारने में श्री रेड्डी ने अपनी सूझ-बूझ का परिचय दिया।

1 जून, सन् 1996 को रेड्डी जी इस दुनिया से हमेशा के लिए विदा हो गये। वह भारत के पहले गैर काँग्रेसी राष्ट्रपति थे। वह अनुभवी राजनेता व कुशल प्रशासक थे। श्री रेड्डी ने आजादी की लड़ाई से आजादी के बाद तक संविधान निर्माण कार्य में सहयोग दिया। उन्होंने देश के चुनौतीपूर्ण व उथल-पुथल हुए वातावरण को अनेकों बार अपनी विवेकशीलता द्वारा पूरी तरह सँभाला। उन्होंने देश के विकास के मुद्दे व समस्याओं पर निरपेक्ष अध्ययन कर उन्हें सूचीबद्ध किया। धर्म व जाति से उठकर पिछड़े वर्ग को ऊपर उठाने के हर सम्भव प्रयत्न किए।

ज्ञानी जैल सिंह

जन्म : 5 मई, 1916 — निधन : 25 दिसम्बर, 1994

कार्यकाल : 25 जुलाई, 1982 से 25 जुलाई, 1987

विश्व धर्मों के महान ज्ञाता पंजाब के मुख्यमन्त्री रह चुके ज्ञानी जी 1982 में राष्ट्रपति बने। वह दृढ़ इच्छा रखने वाले सत्यनिष्ठ साधारण व्यक्ति थे। परन्तु अपनी इन्हीं विशेषताओं के कारण कठिन मार्ग को भी आसानी से पार कर सके। उन्हें अपने राष्ट्रपति शासन के समय ऑपरेशन ब्लूस्टार तथा इन्दिरा जी की हत्या जैसी दुर्भाग्यपूर्ण परिस्थितियों का सामना करना पड़ा।

जैल सिंह का जन्म 5 मई, 1916 को पंजाब के फरीदकोट जिले के संधवान गाँव में हुआ था। उनके पिता भाई किशन सिंह खेती-बाड़ी करके घर का गुजर-बसर करते थे। उनकी माता बीबी इन्द कौर साधारण घरेलू महिला थीं।

जब वह 4 वर्ष के हुए तो उन्हें गाँव के स्कूल भेज दिया गया। उनका मन पढ़ाई में नहीं लगता था। स्कूली शिक्षा की ओर रुझान न देखकर उनके पिता ने उन्हें धर्म-प्रचार के कार्य में लगाने का निर्णय किया। उन्हें धर्म-ग्रन्थ पढ़ने, उन्हें याद करने में लगा दिया गया। अब वह नियमित ठज़्व से गुरु ग्रन्थ साहब का पाठ करने और कीर्तन में भाग लेने लगे।

सिक्ख धर्म-ग्रन्थों का पूरी तरह ज्ञान प्राप्त करने के बाद अब उनका ध्यान पंजाबी भाषा के अलावा अन्य भाषाएँ सीखने की ओर भी गया। उन्होंने सबसे पहले हिन्दी सीखी। धार्मिक पुस्तकों के साथ-साथ उन्होंने हिन्दी, उर्दू और अँग्रेजी भाषा को भी सीखा।

23 मार्च, सन् 1931 को शहीद भगत सिंह की फाँसी ने उनके जीवन की दिशा बदल दी। उनके भीतर क्रान्ति की ज्वाला भड़क उठी। वह अपने वाहे गुरुजी का गुणगान करते-करते अंग्रेजों के प्रति दुख, क्रोध, ग्लानि व बदले की भावना से भर उठते थे। उनके पिता अपने पुत्र की यह हालत देखकर चिन्ता में रहने लगे, परिणामस्वरुप विवाह करने की सोची। जैल सिंह ने परिवार वालों की बात मानकर विवाह तो कर लिया, परन्तु आजादी की लगन उनमें बहुत जोश भर चुकी थी। वह अब किसी तरह क्रान्तिकारी संगठन तक पहुँचकर उसका सदस्य बनना चाहते थे। इसी तलाश में वह बहुत समय भटकते रहे, अनेक लोगों से सम्पर्क बना, कई संगठनों का भी हिस्सा बने। परन्तु जैसा उनका मन था, क्रान्तिकारी जत्थे में शामिल होना, वहाँ अभी वह नहीं पहुँच पाए थे।

इस प्रकार काफी कोशिशों के बाद देश के एक क्रान्तिकारी दल में शामिल हो गये। दिन में वह कीर्तन करते थे इसलिए लोग उनके जत्थे को धर्म प्रचारक ही मानते थे। रात में क्रान्तिकारी कार्यों

को पूरा करते थे जैसे, रिवॉल्वर सप्लाई, पम्फलेट तैयार कर पहुँचाना, चुपचाप बैठकें करना तथा अंग्रेजों की कार्रवाइयों पर नजर रखना।

उनके पिता चाहते थे कि उनका पुत्र क्रान्ति की यह राह छोड़कर राजनैतिक संगठनों के साथ मिलकर आजादी की लड़ाई लड़े। पिता की मृत्यु के बाद उनकी इच्छानुरुप विचार कर सन् 1937 में वह फरीदकोट अकाली दल में शामिल हो गये। वह जल्द ही दल के महासचिव बन गये।

इसी बीच पंजाब के क्रान्तिकारी दल अन्य राजनैतिक दलों की सदस्यता ग्रहण कर संघर्ष के लिए तैयार हो गए। ज्ञानी जैल सिंह भी सांधवान काँग्रेस समिति के महामन्त्री बन गये। सांधवान में किसान आन्दोलन का नेतृत्व करने तथा ब्रिटिश शासन के कानूनों को न मानने की वजह से वहाँ के राजा ने ज्ञानी जी व उनके साथियों को जेल में डाल दिया। ऐसे में ज्ञानी जी ने सोचा कि वह इस तरह आन्दोलन में सहयोग नहीं दे पाएँगे। उन्होंने अपना राज्य छोड़ने का फैसला किया।

आजादी मिलने के बाद जैल सिंह को राज्य में लोकप्रिय सरकार बनाने का कार्य दिया गया। इस बात से सभी सहमत हुए, बाद में उन्हें केन्द्र की राजनीति में आने का प्रस्ताव दिया। भारत सरकार ने रियासतों का अन्त कर पंजाब राज्य के सही तरीके से निर्माण के लिए पैप्सू (Pepsu) नामक महासंगठन बनाया। ज्ञानी जैल सिंह इसके अध्यक्ष बने। इसी समय वह पैप्सू प्रदेश काँग्रेस कमेटी के अध्यक्ष तथा राज्य सभा के सदस्य भी थे।

सन् 1980 में वह राष्ट्रीय राजनीति में सक्रिय भूमिका में आ गये। इन्दिरा जी ने अपने मन्त्रिमंडल में उन्हें गृहमन्त्री बनाया। सन् 1982 में ज्ञानी जी ने राष्ट्रपति पद की शपथ ली। पंजाब में सिक्ख

आतंकवाद का बोलबाला था। कुछ पृथकवादी अलग राज्य खालिस्तान की माँग कर रहे थे। श्रीमती इन्दिरा गाँधी पर कुछ सिक्खों द्वारा यह दबाव था कि उनके लिए वह स्वतन्त्र राज की स्वीकृति दें।

इस आन्दोलन का प्रभाव सिक्ख होने की वजह से स्वभावत: ज्ञानी जी पर भी पड़ना आवश्यक था। उनके सामने बड़ा संकट पैदा हो गया था। संसादात्मक शासन प्रणाली में राष्ट्रपति का कार्य नाम मात्र स्वीकृति देना है, ठोस कदम प्रधानमन्त्री ही उठाते हैं। ऐसे समय में सिक्ख जनता की दृष्टि में वह शक के दायरे में आ चुके थे कि वह किस भूमिका में होंगे। परन्तु वह एक सच्चे राष्ट्र भक्त थे। गुरुद्वारे को आतंकिये से स्वतन्त्र करने के लिए 'ब्लू स्टार ऑपरेशन' आदेश जारी किया। परन्तु गुरुद्वारे में सेना के उपयोग पर दुख भी प्रकट किया।

सन् 1984 में दो सिक्ख सुरक्षाकर्मियों द्वारा श्रीमती इन्दिरा गाँधी की उनके निवास स्थान पर हत्या कर देने और सिक्ख कौम का खालिस्तान आन्दोलन में दमन करने से भारतीय जनता ज्ञानी जी बहुत नाराज थी।

वे सरकार के साथ सहयोग करने के पक्ष में थे। यह उनका संवैधानिक कर्तव्य था। वह एक सच्चे इनसान व देशभक्त थे। वह संघर्ष एवं मेहनत करके अपनी पहचान बनाना जानते थे। उन्होंने कभी भी ऐसी राजनीति नहीं की जो सुख-सुविधाओं के लिए हो। वह एक क्रान्तिकारी व्यक्तित्व के स्वामी थे।

24 जुलाई, 1987 को उनका राष्ट्रपति-काल पूर्ण हुआ। 25 दिसम्बर, 1994 को उनका निधन हो गया।

रामास्वामी वेंकट रमन

जन्म : 4 दिसम्बर, 1910 — निधन : 27 जनवरी, 2009

कार्यकाल : 25 जुलाई, 1987 से 25 जुलाई, 1992

राष्ट्रपति स्वामी वेंकट रमन का जन्म 4 दिसम्बर, 1910 को तमिलनाडु में तंजावुर जिले के राजमदान नाम के गाँव में हुआ था। उनके पिता रामास्वामी अय्यर तंजावुर में वकील थे। वेंकट रमन की शुरुआती शिक्षा तंजावुर में ही हुई। उन्होंने एम.ए. की डिग्री मद्रास विश्वविद्यालय से तथा कानून की डिग्री लॉ कॉलेज मद्रास से प्राप्त की। कानून को अपना विषय इसलिए चुना क्योंकि वह अंग्रेजों के अन्यायों व अत्याचारों का बदला कानून की शक्ति द्वारा देना चाहते थ। सन् 1935 में वह मद्रास हाई कोर्ट में वकालत करने लगे थे।

सन् 1938 में जानकी देवी के साथ उनका विवाह हुआ, जब वह मद्रास हाई कोर्ट में वकालत करते थे। उसी समय असहयोग आन्दोलन

का देश में बोलबाला था। अनेक शहरों में क्रान्तिकारियों ने अंग्रेज अफसरों की गोली मारकर हत्या की थी। दक्षिण तमिलनाडु में भी कुछ युवकों ने ऐसा ही किया और वे गिरफ्तार कर लिए गये। वहाँ के एक प्रसिद्ध वकील ने बहुत कोशिश की परन्तु युवकों की जान बचाने में उन्हें कामयाबी नहीं मिल पाई। उनके खिलाफ फाँसी की सजा सुनाई गयी। श्री वेंकटरमन ने इस मामले को अपने हाथ में लिया और निरन्तर प्रयास करके प्रीवी काउन्सिल में इस मुदकमे की अपील की। भारत के होम सेक्रेटरी से बात कर कहा कि प्रीवी काउन्सिल इस मामले पर विचार कर रही है इसलिए अपराधियों की फाँसी की सजा रोकी जाने चाहिए। प्रीवी काउन्सिल के आगे सरकार को यह सजा रद्द करनी पड़ी।

इसके बाद से वह वरिष्ठ नेताओं की प्रशंसा का पात्र बन गये। सरकार तथा काँग्रेस दोनों उनकी प्रतिभा का सदुपयोग करना चाहती थीं। सन् 1942 में वह वकालत छोड़ 'भारत छोड़ो आंदोलन' का हिस्सा बन गये। अंग्रेजी सरकार ने उन्हें गिरफ्तार कर लिया। वह एक वर्ष जेल में रहे। वहाँ उन्होंने अपना पढ़ना-लिखना और मनन जारी रखा।

वह जेल के अन्दर भी आजाद भारत का सपना साकार होते देखते थे। आजादी के बाद देश में औद्योगिकीकरण होने से मजदूरों की दशा के बारे में सोचते थे कि उनके हितों की रक्षा के लिए वह कानून के ज्ञान का उपयोग करेंगे। सन् 1944 में जेल से रिहा होने पर वह कानून के साथ राजनीति में भी प्रसिद्ध हो गये। उन्होंने तमिलनाडु काँग्रेस कमेटी के साथ मजदूर संगठन बनाया और उनके हितों के लिए पूरी तरह लग गये।

सन् 1946 में, सिंगापुर और मलाया में ब्रिटिश सरकार ने 'आजाद हिन्द' संगठन के सदस्यों को गिरफ्तार किया था। श्री वेंकट

रमन ने स्वतन्त्रता सेनानियों को न्याय दिलाया। 5 अगस्त, सन् 1947 में बँटवारे के समय श्री रमन ने देश में हिन्दू–मुस्लिम भाईचारा बनाने में देश की बहुत मदद की।

सन् 1949 में अपने जिले तंजावुर में 'लेबर लॉ जर्नल' की शुरुआत की। यह पत्रिका मजदूर यूनियनों व मजदूरों के मुकदमे लड़ने वालों वकीलों के लिए बहुत उपयोगी रही। वे सन् 1952 में सांसद सदस्य बने। सन् 1952 से 54 तक वे काँग्रेस संसदीय पार्टी के सदस्य रहे। सन् 1953 से प्रतिवर्ष अगले दस सालों तक भारतीय प्रतिनिधिमंडल में शामिल होकर संयुक्त राष्ट्र जाते रहे थे। इसी बीच उन्हें 'यूनाइटेड नेशन्स एडमिनिस्ट्रेटिव ट्रिब्यूनल' का सदस्य तथा बाद में अध्यक्ष बनाया गया और वे 24 वर्ष तक ट्रिब्यूनल के साथ रहे।

उन्होंने सन् 1958 में इंटरनेशनल लेबर कांफ्रेंस, जेनेवा सम्मेलन में भारतीय प्रतिनिधिमंडल का नेतृत्व किया। वह भारत के प्रतिनिधि के रूप में, इंटर पार्लियामेंटरी कांफ्रेंस वियना, ऑस्ट्रेलिया भी गये। उन्होंने अन्तर्राष्ट्रीय अधिकारिक यात्राओं व सम्मेलनों के अतिरिक्त गृह राज्य और राष्ट्र के अन्य भागों में भी अनेक बड़े कार्य किए।

सन् 1957 में वह दोबारा लोकसभा के सदस्य बने पर उन्होंने इस सुअवसर को छोड़ राज्य के मन्त्रीमंडल में शामिल होना ज्यादा उचित समझा। वह मद्रास में उद्योग मन्त्री बने और राज्य के औद्योगिक विकास का जिम्मा उठाया। कागज, एल्यूमीनियम तथा सीमेंट की मिलें लगवाईं। चाय की खेती को उद्योग के रूप में स्थापित किया। राज्य को कपड़े के उत्पादन में आत्मनिर्भर बनाने के लिए आवश्यक कदम उठाए। वह दस वर्षों तक मद्रास के उद्योग तथा अन्य मन्त्रालयों के मन्त्री पद पर रहे। सन् 1967 में वह केन्द्रीय योजना आयोग के

सदस्य बने। 5 वर्ष तक इस पद पर रहते हुए राष्ट्र के विकास कार्यों में सहयोग दिया।

सन् 1980 में वह राष्ट्र के वित्त मन्त्री बने। उन्हें अन्तर्राष्ट्रीय नियमों और कानून की अच्छी जानकारी थी, जिससे उन्होंने अर्थव्यवस्था को मजबूत करने के लिए विश्व मुद्राकोष से ऋण लेकर देश की अर्थव्यवस्था को मजबूत किया। वेंकट रमन देश के रक्षा मन्त्री पद पर नियुक्त हुए।

उनके शासन काल में ए.पी.जे. अब्दुल कलाम वरिष्ठ वैज्ञानिक के रूप में कार्यरत थे। वेंकट रमन उनके कुशल अनुभव को देख उन्हें रक्षा मन्त्रालय के अन्तरिक्ष अनुसन्धान विभाग में ले आए। कलाम मिसाइल तकनीक में बहुत आगे निकल गये। उन्होंने पृथ्वी, आकाश, त्रिशूल, अग्नि आदि मिसाइलों का सफल प्रक्षेपण किया। इस प्रकार वेंकट रमन की परख असाधारण थी।

2 अगस्त, 1984 को वह भारत के उपराष्ट्रपति बने। 5 जुलाई, 1987 को उन्होंने राष्ट्रपति पद की शपथ ली। सबसे पहले उन्होंने देश में पैदा हुए अविश्वास, साम्प्रदायिक अहिंसा को खत्म कर देश में विश्वास, सद्भाव और देश को एक सूत्र में बाँधने की प्रक्रिया प्रारम्भ की। वह एक ऐसे आदर्श राजनेता थे कि सभी उनको पसन्द करते थे। अपने पांच वर्ष के शासनकाल में देश में चार प्रधानमन्त्री हुए। स्थितियाँ प्रतिकूल भी रहीं पर वह हमेशा शान्तिपूर्ण तरीके से उनका हल निकाल लेते थे। वह पढ़ने-लिखने के शौकीन थे। कला, धर्म, दर्शन, साहित्य के ज्ञाता थे। उनके राष्ट्रपति काल में कर्मचारी से लेकर उच्च पद अधिकारी तक उनको पसन्द करता था।

25 जुलाई, 1992 को उनका कार्यकाल सम्पन्न हुआ। जनवरी, 2009 को उनका देहावसान हुआ।

डॉ. शंकर दयाल शर्मा

जन्म : 19 अगस्त, 1918 — निधन : 26 दिसम्बर, 1999

कार्यकाल : 25 जुलाई, 1992 से 25 जुलाई, 1997

डॉ. शंकरदयाल भारत राष्ट्र के नवें राष्ट्रपति थे। इससे पहले वे भोपाल राज्य के मुख्यमन्त्री व उपराष्ट्रपति भी रह चुके थे। मध्य प्रदेश राज्य में कैबिनेट मन्त्री के रूप में उन्होंने शिक्षा, विधि, उद्योग तथा सार्वजनिक निर्माण कार्य मन्त्रालय भी सँभाला था। वे भारतीय राष्ट्रीय काँग्रेस के अध्यक्ष भी बने। उनका जीवन भावी युवा पीढ़ी के लिए मिसाल है।

शंकर दयाल शर्मा का जन्म भोपाल राज्य में 19 अगस्त, सन् 1918 को हुआ था। उनके पिता खुशीलाल शर्मा, प्रसिद्ध आयुर्वेदिक वैद्य तथा माता सुभद्रा देवी, धार्मिक महिला थीं। शंकरदयाल शर्मा ने अपनी प्राइमरी शिक्षा भोपाल की रामकृष्ण पाठशाला से की। भोपाल

से ही इन्टर की परीक्षा पास करने के बाद उन्होंने आगरा के सेन्ट जोन्स कॉलेज से बी.ए. किया। उनके पिता की इतनी अच्छी आय नहीं थी कि वह अपने बेटे को उच्च शिक्षा के लिए बड़े विश्वविद्यालय भेज सकें। परन्तु पढ़ाई में बहुत होशियार होने के कारण उन्हें छात्रवृत्तियाँ मिलती रहीं और वह पढ़ाई जारी रख सके।

उनका हिन्दी व संस्कृत दोनों भाषाओं पर अच्छा अधिकार था। उन्होंने आगरा, इलाहाबाद व लखनऊ विश्वविद्यालयों से शिक्षा हासिल की। कानून में पी-एच.डी. करने के लिए कैम्ब्रिज विश्वविद्यालय लन्दन चले गये और वहाँ से उन्होंने डिग्री प्राप्त की और वहीं कानून के अध्यापक हो गये। कुछ दिन हार्वर्ड, अमेरिका के लॉ कॉलेज के 'फैलो' रहे। भारत आकर लखनऊ विश्वविद्यालय में लॉ के प्रोफेसर नियुक्त हुए। प्रोफेसर बनने के बाद उन्होंने राजनीति में भी भाग लेना शुरू कर दिया था।

आजादी के बाद भी कई राज्य भारत राष्ट्र में शामिल नहीं हुए थे। उन दिनों सरदार वल्लभभाई पटेल ने भोपाल विलय के लिए अभियान चलाया था। शंकरदयाल जी ने युवाओं का नेतृत्व किया। इस अभियान में वह गिरफ्तार हुए। काफी प्रयास के बाद 1949 में भोपाल रियासत का भारत में विलय हुआ। साथ ही शंकर दयाल की भारी प्रशंसा हुई।

सन् 1951 में वह भोपाल काँग्रेस के अध्यक्ष चुने गये। सन् 1952 में एम.एल.ए. बने। वह भोपाल स्टेट के मुख्यमन्त्री पद पर भी रहे। सन् 1956 में चुनाव जीतकर मध्य प्रदेश के शिक्षा मन्त्री नियुक्त हुए।

सन् 1967 में भारत में चुनाव हुए। श्रीमती इन्दिरा गाँधी देश की प्रधानमन्त्री बनीं। काँग्रेस दो भागों में विभक्त हो चुकी थी। इन्दिरा

जी ने नयी पार्टी बनाई वह काँग्रेस (इ) के नाम से जानी गयी। डॉ. शर्मा नयी काँग्रेस (इ) के अध्यक्ष पद पर आसीन हुए। श्रीमती गाँधी के 'गरीबी हटाओ' नारे के अन्तर्गत डॉ. शर्मा ने देश के आम आदमी को लाभ पहुँचाने वाली नीति व कल्याणकारी नीति बनाने में सहयोग दिया। डॉ. शर्मा के कुशल नेतृत्व को ध्यान में रखकर उन्हें सम्पर्क मन्त्री का पद दिया गया। उन्होंने अपने तीन वर्षों (74-77) में इस विभाग को नयी दिशा दी।

डॉ. शर्मा सन् 1980 से 1985 तक वह आन्ध्र प्रदेश के राज्यपाल रहे। अपनी समझदारी से वहाँ हो रही राजनैतिक उथल-पुथल को बिगड़ने से बचाया और काँग्रेस विरोधी पार्टियों को भी अपना बना लिया।

सन् 1984 में श्रीमती इन्दिरा गाँधी की हत्या हुई थी। वह 1985 में पंजाब के राज्यपाल नियुक्त हुए। इस समय पंजाब में आतंकवाद का बहुत ज्यादा बोलबाला था। उन्होंने आतंकियों के खिलाफ कड़े कदम उठाए और वहाँ स्थिति को काबू में किया। वह सन् 1986 में महाराष्ट्र में राज्यपाल बने। इस प्रकार आन्ध्र, पंजाब, और महाराष्ट्र तीनों राज्यों में लम्बी सार्थक भूमिका निभाई तथा यह भी साबित कर दिया कि वह एक धैर्यवान, सन्तुलित और नेतृत्व-कुशल व्यक्ति हैं।

उन्होंने 1987 में उप-राष्ट्रपति का दायित्व सँभाला। 25 जुलाई, 1922 को डॉ. शर्मा ने राष्ट्रपति पद की शपथ ली। उनकी योग्यता व क्षमता अभूतपूर्व थी। अपनी कार्यनीति में लोकतन्त्र व धर्मनिरपेक्षता के मूल्यों को कभी नहीं भुलाया।

सन् 1992 से 1997 तक वह इस पद पर रहे। उनका यह समय चुनौतियों से भरा था। अयोध्या स्थित बाबरी मस्जिद को लेकर साम्प्रदायिक दंगे भड़क रहे थे। उन्होंने हिन्दू-मुस्लिमों के बीच आपसी मधुर सम्बन्ध बनाने में सहयोग दिया। अपना हर दायित्व

निष्ठापूर्वक सँभाला।

इन्दिरा जी की हत्या, सिक्खों का कत्ल, राजीव गाँधी का मानव बम द्वारा मारा जाना, बाबरी मस्जिद कांड, बंगला देश-निर्माण तथा पाकिस्तान युद्ध जैसी घटनाओं के वे साक्षी रहे इस तरह की त्रासदियों का पूरे साहस और दूरदर्शिता से सामना किया।

24 जुलाई, 1997 को उनका कार्यकाल पूरा हुआ। अवकाश के बाद धीरे-धीरे उनका स्वास्थ्य गिरने लगा और वह शिथिल हो गए। 26 दिसम्बर, 1999 को उनकी मृत्यु हो गयी। डॉ. शर्मा जीवन का आनन्द लेने और देने में विश्वास रखते थे। उनकी राजनीति भी इसी पर आधारित की।

उनका सूत्र था कि सफलता जीवन की कसौटी नहीं होती, कसौटी होती है—निष्ठा। आप निष्ठापूर्वक कार्य करके जीवन की ऊँचाइयों को छू सकते हैं। उनका पूरा जीवन एक आदर्श के रूप में हमारे सामने है।

डॉ. के.आर. नारायणन

जन्म : 27 अक्टूबर, 1920 — निधन : 9 नवम्बर, 2005

कार्यकाल : 25 जुलाई, 1997 से 25 जुलाई, 2002

भारत के दसवें राष्ट्रपति श्री के.आर. नारायणन का जीवन समाज सेवा और देश के निर्माण के लिए पूरी तरह समर्पित रहा। उन्होंने लगभग छह दशक राष्ट्र की सेवा में लगाए। वह भारत राष्ट्र को एक जाति, वर्ग व वर्ण रहित समाज के रूप में देखना चाहते थे। वह सभी तरह के भेदभाव मिटाना चाहते थे।

के.आर. नारायणन का जन्म 27 अक्टूबर, 1920 को केरल कोटरायम जिले के उझाबूर गाँव में हुआ था। उनके पिता के.आर. वाडियार आयुर्वेद चिकित्सा-पद्धति के जानकार थे। इसी से गाँव के लोगों का इलाज कर अपनी गृहस्थी चलाते थे। नारायणन की आरम्भिक शिक्षा पास ही के गाँव में हुई थी। उनके पिता बड़ी मुश्किल से घर-

खर्च और पढ़ाई–खर्च पूरा कर पा रहे थे। आगे की पढ़ाई का खर्चा उठाने में वे असमर्थ थे। परन्तु नारायणन की मेहनत और लगन द्वारा उन्हें छात्रवृत्ति मिलने लगीं। इस प्रकार तिरुवंतपुरम विश्वविद्यालय से स्नातक की डिग्री लेने के बाद लन्दन स्कूल ऑफ इकोनॉमिक्स से बी.एस.सी. की पढ़ाई पूरी की। सन् 1943 में वह श्रावणकोर विश्व–विद्यालय में प्रवक्ता हुए।

जिस समय नारायणन विश्वविद्यालय में पढ़ा रहे थे, तभी उनका झुकाव पत्रकारिता की तरफ हो गया था। उन्होंने मद्रास से प्रकाशित समाचार–पत्र 'द हिन्दू', मुम्बई से प्रकाशित 'द टाइम्स ऑफ इंडिया' के लिए काम करना प्रारम्भ कर दिया। वह दलितों व पिछड़ी जातियों के अधिकारों के लिए संघर्षरत थे। इन विषयों पर लिखकर वह सामाजिक व राजनैतिक चेतना जनता तक पहुँचाते थे। उन्होंने पत्रकारिता द्वारा जगजीवन राम व गाँधी जी के विचारों का समर्थन किया। सन् 1945 में स्कॉलरशिप प्राप्त होने पर वह लन्दन स्कूल ऑफ इकोनॉमिक्स, लन्दन में अर्थशास्त्र, राजनीति शास्त्र पर विशेष अध्ययन के लिए गये। वे 'सोशल वैलफेयर' समाचार पत्र के लन्दन संवाददाता भी रहे। सन् 1945 से 1948 तक वह लन्दन में रहे।

स्वतन्त्रता के बाद भारत आकर श्री नारायणन 1949 में विदेश सेवा में अधिकारी बने। उन्होंने भारतीय राजदूत के रूप में रंगून, टोकियो, केनबरा तथा हनोई में अपनी सेवाएँ प्रदान कीं। वह जहाँ भी गये अपनी व्यावहारिकता और मिलनसारी के आधार पर दूसरे देशों के साथ भारत के सुदृढ़ व सम्बन्ध स्थापित किए। उन्होंने तीन दशक विदेशों में बिताए। राजनैतिक सम्बन्धों को मजबूत करने के साथ विदेशों की शिक्षा व संस्कृति को भी समझा। उन्हें सन् 1979 में दिल्ली की जवाहरलाल यूनिवर्सिटी का वाइस चांसलर पद प्राप्त

हुआ। यहाँ छात्रों की समस्याओं को समझकर उन्हें सुलझाया तथा ऐसे पाठ्यक्रमों को शुरू करवाया, जिसकी आवश्यकता कई वर्षों से छात्र महसूस करते थे।

उन्होंने अमेरिका में भारत के राजदूत की हैसियत से आतंकवाद को लेकर अपना पक्ष रखा और भारत को परमाणु-महाशक्ति बनाने के उद्देश्य से सक्रिय कदम उठाए। वहाँ से लौटकर राजनीति में सक्रिय हुए। वे लगातार तीन बार लोकसभा की सीट जीत कर संसद पहुँचे। सन् 1985 में केन्द्रीय योजना राज्य मन्त्री बने। 1985-86 में विदेश मन्त्री रहे। सन् 1986-89 तक इन विभागों के विभिन्न पदों पर रहे उद्योग परमाणु ऊर्जा, अन्तरिक्ष, इलैक्ट्रॉनिक्स तथा समुद्री विकास एवं अनुसंधान।

वह 21 अगस्त, 1992 को भारत के उप-राष्ट्रपति पद पर आसीन हुए। उस दौरान राज्यसभा के कार्यक्रमों को संचालित किया। प्रतिकूल परिस्थितियों के बावजूद देश की समस्याओं को समझकर उनका हल निकाला। देश की समस्याओं के जानकार, मानवीय गुणों से भरपूर और न्यायप्रिय होने के कारण उन्हें अनेक बार सरकार द्वारा भारतीय प्रतिनिधिमंडलों का नेतृत्व देकर विदेश भेजा गया।

सन् 1979 में संयुक्त राष्ट्र संघ की आम सभा के सदस्य नियुक्त हुए। सन् 1985 में नामीबिया की स्वतन्त्रता को लेकर मदद करने के लिए संयुक्त राष्ट्र संघ की सुरक्षा परिषद का सदस्य बनाया गया। सन् 1986 में हरारे में गुट निरपेक्ष देशों के सम्मेलन आयोजन में भेजे जाने वाले प्रतिनिधि मंडल में शामिल हुए। वह 'भारतीय सांस्कृतिक सम्बन्ध परिषद' और 'भारतीय लोक प्रशासन संस्थान' के अध्यक्ष व कई अन्य संस्थाओं से जुड़े रहे।

उनके द्वारा लिखी पुस्तकें राष्ट्र और समाज के लिए अमूल्य

निधि हैं। उनमें प्रमुख हैं—'इंडिया एँड अमेरिका : एसेज इन अंडर स्टैंडिग', 'इमेजिन एँड इनसाइट्स' और 'नॉन एलाइनमेंट एंड कटैम्परारी इंटरनेशनल रिलेशन्स' आदि प्रमुख हैं।

वह देश-विदेश की विभिन्न संस्थाओं के सदस्य रहे। विभिन्न सामाजिक, सांस्कृतिक तथा खेल संस्थानों के भी संरक्षक रहे। नारायणन 5 वर्ष उप-राष्ट्रपति रहने के बाद 25 जुलाई, 1997 को देश के राष्ट्रपति बने।

के.आर. नारायणन के राष्ट्रपति काल में देश-विदेश में कई महत्त्वपूर्ण घटनाएँ घटीं। अमेरिका के राष्ट्रपति बिल क्लिंटन भारत यात्रा पर आए। लाहौर समझौता, कारगिल युद्ध, आगरा शिखर वार्ता हुई। आतंकवाद के बेकाबू होने के कारण लादेन के अलकायदा गुट ने सितम्बर, 2001 में अमेरिका की 100 मंजिली दो ट्रेड टावर उड़ा दी थीं। जम्मू-कश्मीर की विधानसभा पर आतंकवादियों ने हमला किया। जिसके कारण भारत-पाकिस्तान की सीमाओं पर युद्ध की स्थिति बन गयी। ऐसे में राष्ट्रपति ने संयम से काम लिया। विदेशों से समर्थन प्राप्त किया और पाकिस्तान को आतंकवाद-दोषी ठहराया। श्री नारायणन ने संकट के समय देश को बचाकर अपनी नेतृत्व-कुशलता का परिचय दिया। 5 जुलाई, 2002 को उनका कार्यकाल पूरा हुआ। उन्होंने अपना शेष जीवन सामाजिक कार्यों व लिखने में लगाया। उनके जीवन का उद्देश्य जातिवाद को समाप्त कर समतामूलक समाज की रचना करना था।

वह अपना सारा समय दलित व शोषित समाज के हित-कार्यों में लगाते थे। 9 नवम्बर, 2005 को उनका निधन हो गया। उनके योगदान को भुलाना असम्भव है।

डॉ. ए.पी.जे. अब्दुल कलाम

जन्म : 15 अक्टूबर, 1931 — निधन : 27 जुलाई, 2015

कार्यकाल : 25 जुलाई, 2002 से 25 जुलाई, 2007

भारत के महान वैज्ञानिक तथा ग्यारहवें राष्ट्रपति डॉ. ए.पी.जे. अब्दुल कलाम अपने देश को विकसित राष्ट्र के रूप में दुनिया के सामने प्रस्तुत करना चाहते थे। वह भारतीय युवाओं की आँखों में पक्के इरादों और आत्मविश्वास के सपने देखना चाहते हैं। उनके शब्द राष्ट्र विकास व राष्ट्र निष्ठा की कहानी कहते हैं। डॉ. कलाम का जन्म 15 अक्टूबर, 1931 को रामेश्वरम में हुआ था। उनके पिता श्री जैनुला आबिदीन पढ़े-लिखे न होने के बावजूद जीवन-मूल्यों का ज्ञान पूरो तरह समझते थे। उनकी माता धर्म-परायण, घरेलू महिला थीं।

कलाम ने प्राइमरी शिक्षा अपने गाँव से ही ली थी। आगे की शिक्षा रामनाथपुरम में अकेले ही रहकर प्राप्त की। अपने पिता के

महान विचारों और आदर्शों से प्रेरणा लेकर उन्होंने कठिन परिस्थितियों को हमेशा जीता। कलाम की शिक्षा पूरी हुई और वह नौकरी करने लगे। अब उनकी माँ चाहने लगीं कि उनका विवाह हो जाए। परन्तु उन्होंने विवाह करने से मना कर दिया। वे जीवन में किसी बन्धन में नहीं रहना चाहते थे। वे अपने माता-पिता का नाम रोशन करना तथा देश की तरक्की के लिए कार्य करना चाहते थे।

वे आठ वर्ष की अवस्था से ही बड़े परिश्रमी थे। बहुत ही जिम्मेदार व फुर्तीले थे। रामेश्वरम में अपने चचेरे भाई के पत्र-पत्रिकाओं, अखबार के स्टॉल पर सुबह बहुत जल्दी पहुँच जाते थे। गाड़ी से अखबार लेकर स्टॉल पर पहुँचते, ग्राहकों तक अखबार बाँटते और भाग कर घर पहुँचते ही तैयार होकर स्कूल जाते थे।

बी.एस.सी. की पढ़ाई के बाद कलाम ने 'मद्रास इंस्टीट्यूट ऑफ इंजीनियरिंग' से आगे की पढ़ाई की। बाद में उन्हें एस.एल.वी. परियोजना का प्रबन्धक नियुक्त किया गया। उनके अन्दर विलक्षण प्रबन्धन क्षमता थी। उन्होंने विज्ञान-अनुसन्धान में अपनी अपार लगन और विश्वास के बल पर अनेक रचनात्मक कार्य किए। एक वैज्ञानिक के तौर पर वे बहुत ऊँचाई तक गये। उन्होंने अनेक तरह की मिसाइल प्रणालियों का विकास किया। वे भारतीय मिसाइल प्रणाली के जनक 'मिसाइल मैन' के नाम से जाने जाते हैं।

उनके द्वारा विकसित मिसाइलें 'अग्नि' श्रंखला की हैं। अग्नि-1, अग्नि-2, पृथ्वी, पृथ्वी-1, पृथ्वी-2 यह सब मिसाइल बहुत ही उपयोगी हैं। इसी श्रेणी में अन्य भी मिसाइलें हैं। डॉ. अब्दुल कलाम द्वारा विकसित की गयी मिसाइल तकनीक द्वारा ब्रह्मॉस सुपरसॉनिक क्रूज मिसाइल तैयार की गयी। यह जहाज भेदी मिसाइल है। भारत की प्रसिद्ध नदी ब्रह्मपुत्र और रूस की मॉस्को नदी के नाम पर

मिलकर इस परियोजना को 'ब्रह्मास' नाम दिया गया।

डॉ. कलाम ने भारत को परमाणु शक्ति सम्पन्न बनाकर सामरिक रूप से सुदृढ़ बनाया। साथ ही चिकित्सा जगत में भी तकनीकी को बढ़ावा दिया। उन्होंने 'कार्बन-कार्बन' नामक एक बहुत ही हल्के पदार्थ का आविष्कार किया। जिससे पोलियो के रोगियों के लिए हल्के वजन के केलिपर बनाना सम्भव हो सका। इसी पदार्थ का उपयोग हल्के विमान बनाने के लिए किया गया। ये विमान युद्ध में मिसाइल आदि छोड़ने के लिए इस्तेमाल होते हैं। उन्होंने हृदय रोग के लिए कार्डिक स्टैंड भी अपनी प्रयोगशाला में तैयार करवाए। ये विदेशों से मँगाने पड़ते थे, जो बहुत महंगे पड़ते थे। भारत में ही तैयार होने से बहुत कम कीमत पर बनने लगे। सन् 1998 में पोखरण में परमाणु बम का परीक्षण किया जो सफल हुआ। देश को महाशक्ति बनाने का श्रेय इन्हीं के नेतृत्व को जाता है।

उन्हें डायरी, लघु कथा लिखने का भी शौक था। उनके द्वारा लिखी 'अग्नि की उड़ान', 'माई जर्नी' तथा 'इंडिया विजन-2020' प्रसिद्ध कृतियाँ हैं। वह कर्नाटक संगीत और वीणावादन के भी बहुत शौकीन थे। डॉ. अब्दुल कलाम को उनके महान कार्यों के लिए अनेक पुरस्कार व सम्मान दिए गये हैं। सन् 1997 में उन्हें 'भारतरत्न' से सम्मानित किया गया, यह सम्मान पानेवाले वे तीसरे वैज्ञानिक हैं।

इससे पहले सन् 1981 में रोहिणी उपग्रह के सफल परीक्षण के लिए पद्म भूषण से सम्मानित किया गया था। सन् 1990 में मिसाइलों के सफल प्रक्षेपण के लिए पदम विभूषण से नवाजा गया। सन् 1986 में 'एयरोनॉटिक सोसाइटी ऑफ इंडिया' द्वारा नेशनल डिजाइन अवॉर्ड दिया गया। इसके अलावा भी इनको कई निजी संस्थानों और संगठनों द्वारा पुरस्कार और उपाधियों से सम्मानित किया गया।

भारत को तकनीकी क्षेत्र में आत्मनिर्भर बनाने और देश की युवाशक्ति को, विकसित देश बनाने के अभियान से जोड़ने के उद्देश्य से वह अन्ना विश्वविद्यालय, चेन्नई में प्रोफेसर पद से जुड़े। उनको लगता था कि विकास की सारी सम्भावनाएँ नयी पीढ़ी में हैं। वह इस कार्य में पूर्णतः समर्पित हो गये।

तत्कालीन प्रधानमन्त्री अटल बिहारी वाजपेयी के समय सभी दलों के समर्थन से 25 जुलाई, 2002 को कलाम साहब राष्ट्रपति पद पर आसीन हुए। उनके सामने बड़ी-बड़ी समस्याएँ और अनेक जिम्मेदारियाँ थीं परन्तु उन्होंने अपने सक्षम नेतृत्व द्वारा सफलतापूर्वक उन सबको दूर किया। निर्भय, निःसंकोच कलाम सुरक्षा की परवाह किए बगैर लोगों, खासकर बच्चों, से मिलते-जुलते थे। उनके सामने उच्च आदर्श प्रस्तुत करते थे और रचनात्मक कार्यों में व्यस्त रहने की प्रेरणा देते थे। राष्ट्रपति बनने के बाद वह पूरी निष्ठा से राष्ट्र निर्माण के काम में लग गये। उन्होंने भारतीय जनता की आवश्यकताओं की पूर्ति के लिए, उसके जीवन-स्तर को उठाने के लिए तथा उसे उत्पादन एवं विकास की मुख्य धारा से जोड़ने के लिए योजनाबद्ध ढंग से तैयारियाँ करने पर ज़ोर दिया।

25 जुलाई, 2007 को उनका कार्यकाल पूरा हुआ। आई.आई.एम. शिलांग में बच्चों को सम्बोधित करते समय हृदय गति रुकने से 27 जुलाई, 2015 को उनकी मृत्यु हो गयी।

डॉ. कलाम का जीवन आधुनिक और भावी पीढ़ी के लिए आदर्श है। वह हमेंशा अपने को और अपने कार्यों को साधारण बताते रहे, और असाधारण व्यक्तित्व और अत्यंत सादा जीवन का नित्य परिचय देते रहे।

प्रतिभा पाटिल

जन्म : 19 दिसम्बर, 1934

कार्यकाल : 25 जुलाई, 2007 से 25 जुलाई, 2012

श्रीमती प्रतिभा पाटिल देश की पहली महिला व 12वीं राष्ट्रपति रही हैं। महाराष्ट्र के जलगाँव जिले में 19 दिसम्बर 1934 में जन्मी प्रतिभा के पिता का नाम श्री नारायण राव पाटिल था। वह एक कुशल वकील थे। उनके पिता एक पढ़े-लिखे, संवेदनशील व्यक्ति थे। उन दिनों भारतीय समाज में यह परम्परा थी कि लड़कियों को सिर्फ घर के कामों में कुशल किया जाता था। परन्तु प्रतिभा के पिता ने उन्हें अपने पाँच बेटों के साथ न सिर्फ शिक्षा दी बल्कि प्रतिभा जी की महत्त्वपूर्ण उपलब्धियों में भी सहभागी बने।

प्रतिभा ने जलगाँव के आर.आर. स्कूल से शिक्षा प्राप्त की। साथ ही उन्होंने परिवार और समाज में चल रही परम्पराओं को भी

भली भाँति जाना और समझा। उन्होंने मूलचन्द जेठा कॉलेज से एम.ए. किया। कानून की पढ़ाई के लिए वह गवर्नमेन्ट लॉ कॉलेज गयीं। कॉलेज में अपनी पढ़ाई के दौरान ही अनेक महत्त्वपूर्ण उपलब्धियाँ पा चुकी थीं। वह टेबिल-टेनिस की अच्छी खिलाड़ी थीं। उन्होंने कई अन्तर्विद्यालयी प्रतियोगिताएँ भी जीती थीं।

वह कॉलेज के साथ समाज सेवा कार्य भी करती रहती थीं। जिसकी वजह से उनमें राजनीतिक चेतना का उदय हो चुका था। उनके पिता भी उन्हें वकालत पूरी कराकर राजनीति में लाने का स्वप्न देख रहे थे। वह अपने बेटी को आगे बढ़ाने के लिए हर-सम्भव प्रयास करते थे और प्रोत्साहित भी करते रहते थे।

सन् 1962 में उन्होंने एदलाबाद क्षेत्र से विधानसभा के चुनाव में पहली बार भारतीय राष्ट्रीय काँग्रेस के टिकट पर जीत हासिल की। एम. एल. ए. बनने के तीन वर्ष बाद 7 जुलाई, 1965 को देवी सिंह शेखावत से विवाह किया। वे एक शिक्षाविद् थे।

श्रीमती पाटिल ने अपना राजनैतिक सफर काँग्रेस के वरिष्ठ नेता और महाराष्ट्र के भूतपूर्व मुख्यमन्त्री यशवन्त राव चव्हाण की संगति में शुरू किया। सन् 1962 से 1985 तक वह पाँच बार महाराष्ट्र विधान सभा की सदस्य रहीं। इस लम्बी अवधि में प्रतिभा जी उपमन्त्री, मन्त्री तथा अन्य विभागों के कार्यों, जैसे—शिक्षा, पर्यटन, समाज, स्वास्थ्य संस्कृति आदि से जुड़ी रहीं। उन पदों पर रहकर उन्होंने बड़ी कुशलता से अपने दायित्वों का निर्वहन किया।

इन्दिरा जी और प्रतिभा जी का राजनैतिक समय लगभग समान-सा रहा था। जिस समय श्रीमती गाँधी अपनी सफलता के उच्च मुकाम पर थीं, प्रतिभा जी भी उसी समय महाराष्ट्र की राजनीति में उभर रही थीं। प्रतिभा जी भी श्रीमती गाँधी को अपना आदर्श मानती

थीं। दोनों ही महत्त्वाकांक्षी और कर्तव्यपरायण महिलाएँ थीं। वह जब तक राजनीति में रहीं काँग्रेस व इन्दिरा जी की ताकत बनी रहीं। सन् 1977 में मोरारजी देसाई के नेतृत्व में जनता पार्टी की सरकार सत्ता में आई। तब भी वह विपक्ष की नेता के रूप में अपनी भूमिका निभाते हुए इन्दिरा जी को आश्वासन में रखे हुए थीं। उन्होंने इन्दिरा जी के जेल जाने पर समर्थन रैली निकाली और परिणामस्वरूप खुद भी जेल जाने से नहीं घबराईं।

श्रीमती गाँधी उनके इस कार्य से बहुत प्रभावित हुईं और उनकी प्रशंसा की। उनकी मृत्यु के बाद 1985 में राजीव गाँधी के प्रधानमन्त्री काल में प्रतिभा जी राज्यसभा की सदस्य चुनी गयीं। सन् 1986 से 1988 तक राज्यसभा की उपाध्यक्ष और संसद की विशेषाधिकार समिति की अध्यक्षा भी रहीं।

1991 में लोकसभा की सदस्य रहीं। इस पद पर 5 वर्ष रहने के बाद उन्होंने सक्रिय राजनीति त्यागने का फैसला लिया था।

इस कार्यकाल के दौरान वह अनेक सामाजिक व शैक्षिक संस्थाओं की स्थापना कर चुकी थीं। स्त्रियों के आर्थिक रूप से उत्थान के लिए 1974 में 'प्रतिभा महिला सहकारी बैंक' की नींव डाली। विभिन्न राज्यों में कार्य करने वाली महिलाओं के लिए हॉस्टल भी खुलवाए। अपने गाँव के किसानों के हित के लिए सन्त मुक्ताबाई सहकारी साखर कारखाना लिमिटेड शुरू किया। इस तरह के अनेक सामाजिक सेवा कार्य किए। अनेक संस्थाएँ व संस्थान स्थापित किए। अशिक्षित, बेरोजगारों, गरीब व पिछड़ी जाति की स्त्रियों के लिए बहुत सी योजनाएँ व कार्यक्रम चलाए।

सन् 2004 में उन्होंने, गैर राजनीतिक पद, राजस्थान का राज्यपाल पद सँभाला। वह राजस्थान की पहली महिला राज्यपाल थीं।

25 जुलाई, 2007 को श्रीमती प्रतिभा पाटिल ने राष्ट्रपति का कार्यभार सँभाला। उनका जीवन एक समाज सेविका और एक राजनेता का था।

वह अनेक सामाजिक और सांस्कृतिक गतिविधियों का भी हिस्सा रहीं। उन्होंने इंटरनेशनल काउन्सिल ऑफ सोशल वैलफेयर कांफ्रेंस, नैरोबी और पोर्टरीको में भाग लिया। 1985 में शिष्ट मंडल के सदस्य के रूप में उन्हें बुल्गारिया बुलाया गया। शिष्टमंडल में ही अध्यक्ष के रूप में आस्ट्रिया सम्मेलन में महिलाओं की स्थिति पर विचार के लिए आमन्त्रित किया गया।

1988 में लन्दन में आयोजित राष्ट्रमंडलीय अधिकारी सम्मेलन में भाग लिया। चीन के बीजिंग शहर में विश्व महिला सम्मेलन में हिस्सा लिया था। साथ ही ग्रामीण अर्थव्यवस्था के विकास और महिला कल्याण कार्यों में हमेशा रुचि दिखाई।

वह अपना राष्ट्रपति कार्य काल 25 जुलाई, 2012 को पूरा होने के बाद सामाजिक कार्यकर्ता के रूप में देश व समाज से भी जुड़ी रहीं।

उनके ग्रामवासी प्रतिभा ताई या ग्राम देवी 'मुक्ता माँ' की लय पर 'मुक्ता ताई माँ' कहकर उनको पुकारते हैं। अपने गाँव के हित के लिए उन्होंने बहुत कार्य किए। उनके गाँव के बुजुर्ग, युवा, बच्चे सभी उनको स्नेह करते रहे हैं। वह मानव मात्र की भलाई के लिए कार्य करना ही अपना आदर्श मानती रही हैं।

वास्तव में प्रतिभा जी भारत की राजनीति में एक सशक्त, महत्वाकांक्षी, संवेदनशील, समाजसेविका के रूप में स्थापित रहीं।

प्रणव मुखर्जी

जन्म : 3 दिसम्बर, 1884

कार्यकाल : 25 जुलाई, 2012 से वर्तमान

बंगाल (भारत) में वीरभूम जिले के मिराजी ग्राम में जन्मे प्रणव मुखर्जी हमारे राष्ट्र के वर्तमान 13वें राष्ट्रपति हैं। इनका जन्म 11 दिसम्बर, सन् 1935 में एक ब्राह्मण परिवार में हुआ। उनके पिता का नाम कामदा किंकर मुखर्जी और माता का नाम राजलक्ष्मी मुखर्जी था। इनके पिता स्वाधीनता संग्राम में सहभागी रहे, जिसके कारण उन्होंने 10 वर्षों से अधिक जेल की सजा भी काटी थी।

प्रणव मुखर्जी ने वीरभूमि (सूरी) के सूरी विद्यासागर कॉलेज से शिक्षा ग्रहण की। जो उस समय में कलकत्ता विश्वविद्यालय से सम्बद्ध था। उन्होंने कलकत्ता विश्वविद्यालय से एम.ए. इतिहास और राजनीति के साथ कानून की पढ़ाई भी पूरी की। उन्होंने एक वकील

और एक कॉलेज प्रोफेसर की भी भूमिका अदा की। यह मानद डी.लिट उपाधि प्राप्तकर्ता हैं। उन्होंने बाँग्ला प्रकाशन संस्थान 'देशेक डाक' (मातृभूमि की पुकार) में भी कार्य किया। वह 'अखिल भारत बंग साहित्य सम्मेलन' के अध्यक्ष तथा 'बंगीय साहित्य परिषद' के ट्रस्टी भी रह चुके हैं। सन् 1957 में उनका विवाह सुब्रा मुखर्जी से हुआ। उनके दो पुत्र व एक पुत्री हैं।

प्रणव मुखर्जी सक्रिय राजनीति में श्री वी.के. कृष्णा मैनन, के लिए चुनाव प्रचार के दौरान मिदनापुर पहुँचे। वहीं श्रीमती गाँधी ने उनकी शक्ति का अन्दाजा लगाया और उन्हें भारतीय राष्ट्रीय काँग्रेस का सदस्य नियुक्त किया।

सन् 1969 में वह राज्य सभा के सदस्य बने। सन् 1973 में केन्द्र में उपमन्त्री नियुक्त हुए।सन् 1974 से 1975 तक वित्त राज्यमन्त्री पद पर रहे और सन् 1975 में दोबारा राज्य सभा सदस्य बने।

श्री प्रणव मुखर्जी ने 1977 में राजस्व और बैंकिंग मन्त्री (स्वतन्त्र प्रभार) का पद सँभाला था। वह 1980 से सन् 1982 तक वाणिज्य, 1982 से 1984 तक वित्तमन्त्री, 1993 से 1995 तक दोबारा वाणिज्य मन्त्री रहे। सन् 1995 से 1996 तक विदेश मन्त्री नियुक्त हुए। इसके बाद 2004-2006 रक्षामन्त्री पद पर आसीन रहे। 2006 से 2009 में फिर से विदेश मन्त्री की भूमिका में रहे। सन् 2009 से 2012 तक उन्होंने केन्द्रीय वित्त मन्त्री का कार्यभार सँभाला। इस प्रकार प्रणव मुखर्जी अधिकांश महत्त्पूर्ण मन्त्रालयों का कार्यभार सँभाल चुके हैं। उन्हें राजनीति में करीब चार दशक पूरे हो चुके हैं। देश की राजनीति में वह वरिष्ठतम अनुभवी नेता हैं जो बहुत संजीदा व सतत प्रयत्नशील हैं। जब वह सन् 2004 में लोकसभा का चुनाव जीते थे तब से ही सदन के नेता रहे थे। वह यूपीए सरकार में सबसे ज्यादा जिम्मेदारियाँ

निभा चुके हैं। उनके पास वित्त मन्त्रालय के अलावा अनेक मन्त्रिमंडलीय समूहों का नेतृत्व भी था।

श्री मुखर्जी एक जबर्दस्त वक्ता और विद्वान हैं उन्हें अन्तराष्ट्रीय सम्बन्धों, वित्तीय सम्बन्धों और संसदीय क्रियाओं का अत्यधिक ज्ञान है। वह भारत के बहुदलीय लोकतन्त्र में कठिन राष्ट्रीय मुद्दों पर सर्व-सहमति बनाने में सक्षम हैं। सन् 2004 से 20012 के दौरान श्री मुखर्जी महत्त्वपूर्ण मामलों का निर्वहन करने में बहुत सहायक रहे जैसे—सूचना का अधिकार, रोजगार-अधिकार, खाद्य-सुरक्षा, सूचना तकनीक और दूर-संचार, मैट्रो रेल इत्यादि।

सन् 70-80 के दशक में वह क्षेत्रीय ग्रामीण बैंकों और साथ ही भारतीय एक्जिम बैंकों की स्थापना करने में भी सहभागी रहे। कृषि व ग्रामीण विकास के लिए राष्ट्रीय बैंकों को सहयोग द्वारा स्थापित करने का श्रेय भी उन्हें जाता है। श्री प्रणव मुखर्जी 1991 में केन्द्र और राज्यों के बीच संसाधनों को बाँटने में भी सहायक रहे।

श्री मुखर्जी दूसरे देशों के साथ मैत्री सम्बन्ध बनाने में भी बहुत कामयाब रहे हैं। वह एक सफल, अनुभवी राजनयिक रहे हैं। उन्होंने आई.एम.एफ. के गवर्नर्स बोर्ड, वर्ल्ड बैंक, एशियन डेवलपमेंट बैंक तथा अफ्रीकन डेवलपमेंट बैंक की सेवा की। पाँच दशक का उनका राजनैतिक सफर अनेक उतार-चढ़ाव लिए है। काफी समय वह काँग्रेस में नहीं रहे। उन्होंने राष्ट्रीय समाजवादी काँग्रेस का भी निर्माण किया। परन्तु बाद में राजीव गाँधी के कहने पर अपने दल को काँग्रेस में विलय कर दिया। श्री पी.वी. नरसिंह राव ने उन्हें योजना आयोग के उपाध्यक्ष के रूप में नियुक्त किया था, जिससे उनका राजनीतिक कॅरियर फिर से जीवित हो उठा।

उन्होंने श्री राव के मन्त्रिमंडल में 1995-96 तक पहली बार

विदेश मंत्री का कार्यभार ग्रहण किया था। उन्हें सन् 1997 में सर्वश्रेष्ठ सांसद की उपाधि दी गयी थी।

प्रणव मुखर्जी का व्यक्तित्व गम्भीर व मृदुभाषी है। उनको साहित्य में बहुत अधिक रुचि है। वह शिक्षा को अत्यधिक महत्त्व देते हैं। उनका खाली समय पढ़ने में ही व्यतीत होता है। वह देश और समाज के लिए भी यही चाहते हैं। उनका कहना है, 'सब ज्ञान के लिए और ज्ञान सबके लिए'। उनकी बौद्धिक क्षमता बेमिसाल है। उनकी राजनीतिक मुद्दों में तो बहुत गहरी पकड़ है साथ में सामाजिक और सांस्कृतिक विषयों का भी गहरा ज्ञान रखते हैं।

80 वर्षीय प्रणव मुखर्जी वास्तव में अद्वितीय व्यक्तित्व के स्वामी हैं, जिन्होंने हमारे देश को हर क्षेत्र में योगदान दिया। आज भी वह अपनी सेवाएँ बड़ी सूझ-बूझ और अद्भुत क्षमता के साथ देते आ रहे हैं। प्रणव मुखर्जी को पूर्ण राजनीतिज्ञ माना जाता है। भारतीय राजनीति, आर्थिक मुद्दों व नैतिक मुद्दों की पूरी जानकारी रखने वाले प्रणव जी सबसे अनुभवी एवं वरिष्ठ नेता माने जाते हैं।

उन्होंने राजीव गाँधी की मृत्यु के बाद श्रीमती सोनिया गाँधी को परिपक्व सलाहकार एवं मार्गदर्शक के रूप में अपनी सेवाएँ दी थीं। यूपीए सरकार के बीच आपसी मतभेद को दूर कर अपनी विलक्षण सूझबूझ का अनेक बार परिचय दिया है।

उन्होंने राष्ट्रीय ग्रामीण योजना गारंटी अधिनियम, लड़कियों की शिक्षा एवं स्वास्थ्य जैसे सामाजिक कार्यक्रमों के लिए धन का प्रावधान किया। 1997 में सर्वश्रेष्ठ सांसद तथा 2008 में भारत के दूसरे सबसे बड़े नागरिक सम्मान 'पद्मविभूषण' से उनको सम्मानित किया गया है।

□□□